Sitter/Solmecke   Fit für die DSGVO

Sitter/Solmecke

Fit für die DSGVO

**Checklisten, Muster und Erläuterungen für
Rechtsanwälte, Steuerberater und Unternehmer**

Herausgegeben von

Christian Sitter, Rechtsanwalt,
Fachanwalt für Verkehrsrecht, für IT-Recht und für Verwaltungsrecht,
zertifizierter Datenschutzbeauftragter,
Rechtsanwälte Burkhard Stoll & Christian Sitter, Gotha

Christian Solmecke, Rechtsanwalt und Partner,
Rechtsanwalt im Bereich Internetrecht/E-Commerce,
Medienrechtskanzlei WILDE BEUGER SOLMECKE, Köln

IMPRESSUM

Bibliografische Information der Deutschen Nationalbibliothek
Die Deutsche Nationalbibliothek verzeichnet diese Publikation in der
Deutschen Nationalbibliografie; detaillierte bibliografische Daten
sind im Internet über http://dnb.d-nb.de abrufbar.

Wichtiger Hinweis
Die Deubner Verlag GmbH & Co. KG ist bemüht, ihre Produkte jeweils nach
neuesten Erkenntnissen zu erstellen. Deren Richtigkeit sowie inhaltliche und
technische Fehlerfreiheit werden ausdrücklich nicht zugesichert. Die Deubner Verlag
GmbH & Co. KG gibt auch keine Zusicherung für die Anwendbarkeit bzw.
Verwendbarkeit ihrer Produkte zu einem bestimmten Zweck. Die Auswahl
der Ware, deren Einsatz und Nutzung fallen ausschließlich in den
Verantwortungsbereich des Kunden.

Deubner Verlag GmbH & Co. KG
Sitz in Köln
Registergericht Köln
HRA 16268

Persönlich haftende Gesellschafterin:
Deubner Verlag Beteiligungs GmbH
Sitz in Köln
Registergericht Köln
HRB 37127
Geschäftsführer: Ralf Wagner, Werner Pehland

Deubner Verlag GmbH & Co. KG
Oststraße 11, D-50996 Köln
Fon +49 221 937018-0
Fax +49 221 937018-90
kundenservice@deubner-verlag.de
www.deubner-verlag.de, alternativ: www.deubner-recht.de

Umschlag geschützt als eingetragenes Design der
Deubner Verlag GmbH & Co. KG
Satz: SatzPro, Krefeld
Druck: rewi druckhaus, Reiner Winters GmbH, Wissen
Bildquelle: Urban#Photographer©Fotolia.com

Printed in Germany 2018

ISBN 978-3-88606-920-0

Vorwort

„Trendforscher" ist ein manchmal anstrengender Beruf. „Das letzte Gefecht des Datenschutzes" rief schon vor Jahren einer aus und schrieb dem Gesetzgeber ins Stammbuch:

> *„Wir wollen unsere Daten nicht verheimlichen! Wir wollen unsere Daten freigeben! ... Die heutige Datenschutzdebatte ist deshalb ein Relikt der alten Zeit ..."* (www.trendforscher.eu/uploads/media/Storyletter_Das_ letzte_Gefecht_des_Datenschutzes.pdf).

Gerade heute brennt Ihnen, liebe/r Leser/in, das Thema mehr denn je unter den Nägeln. Zu Recht: Ab dem 25.05.2018 gilt in der Europäischen Union die Datenschutz-Grundverordnung (DSGVO) und damit ein einheitliches Datenschutzrecht für alle Mitgliedsstaaten. Es wird begleitet von einem runderneuerten Bundesdatenschutzgesetz (BDSG), das Öffnungsklauseln der DSGVO nutzt und für Deutschland etwa beim Arbeitnehmerdatenschutz eigene Rechte und Pflichten bestimmt. Dass diese Regelwerke die Pflichten für all diejenigen, die täglich mit Daten anderer umgehen, verschärfen, hat sich herumgesprochen. Mehr noch: Sie sind **sofort** zu beachten. Bußgelder drohen in Höhe von bis zu 20 Mio. €. Und bieten kreativen Mitbewerbern neue Möglichkeiten, Sie (oder Ihre Mandanten) abzumahnen.

Man könnte also sagen: Von wegen „letztes Gefecht", der Datenschutz schlägt mit voller Macht zurück. *„Daten – das Öl des 21. Jahrhunderts?"*, fragt ein jüngst erschienenes Buch. „Daten sind das neue Gold", titelte die „Welt" schon 2014 und die Bundeskanzlerin befand zwei Jahre später in der „FAZ", Daten seien *„die Rohstoffe des 21. Jahrhunderts"*. Dass jedes Unternehmen, jede Kanzlei, sogar jeder Verein Daten sammelt, ist eine Binsenweisheit. Jetzt, da Sie langsam gewahr werden, was Sie mit diesen alles anstellen können, erhalten Sie ein rechtliches Korsett, das Sie mehr fordert, als Ihnen lieb sein kann. Denn wir reden eben auch über Grundrechte, und hier über das allgemeine Persönlichkeitsrecht. Und dieses beinhaltet auch das Recht auf „informationelle Selbstbestimmung", also das Freiheitsrecht von jedermann, volle Kontrolle über seine Daten zu haben und zu behalten. Genau im Lichte dieses Freiheitsrechts müssen Sie die DSGVO verstehen.

Ja, es stimmt: Die DSGVO wird Ihren Arbeitsalltag mehr beeinflussen als das bisherige BDSG. Die neuen Regeln sehen auf den ersten Blick so kompliziert aus, dass der Unternehmer, Freiberufler oder auch Vereinsvorstand gleich kapitulieren mag – auch das Internet vermag nach intensiver Suche kein Muster auszuspucken, das für alle gilt. Nach der Erkenntnis, dass die DSGVO auch für Sie gilt, macht sich schnell Ratlosigkeit breit: Was bedeutet dies **konkret** für mich, die Kanzlei, das Unternehmen, den Verein?

Dieses Buch erklärt den neuen Datenschutz verständlich und dennoch vertieft. Es liefert dem Rechtsanwalt, Steuerberater, Unternehmer und Vereinsvorstand Checklisten, Muster und Tipps, wie er die neuen Regeln schnell und effizient umsetzt. Dies betrifft neben der Büroorganisation auch den Umgang mit Mandanten, Kunden und Arbeitnehmern. Wir haben dieses Buch geschrieben, um Ihnen zu zeigen, dass Sie keine Angst haben müssen und die gebotenen Maßnahmen rasch umsetzen können. Wenn Sie **heute** starten.

Dieses Buch steht unter dem Motto: Wir reden nicht lang und breit von Problemen, wir zeigen Ihnen die Lösungen!

Kritik ist uns immer willkommen, wir hoffen aber v.a. auf viele Zuschriften unserer Leser, wenn Ihnen dieses Buch geholfen hat. Bitte schreiben Sie uns an folgende Adresse:

dsgvo@deubner-verlag.de

Gotha/Köln, im Mai 2018   *Rechtsanwälte Christian Sitter und Christian Solmecke*

Über dieses Buch und die digitale Komponente

Fit für die DSGVO – Checklisten, Muster und Erläuterungen für Rechtsanwälte, Steuerberater und Unternehmer bietet Ihnen die Möglichkeit, die ab dem 25.05.2018 nach der DSGVO geltenden neuen Datenschutzregeln in Ihrer Kanzlei/Ihrem Unternehmen (noch) rechtzeitig umzusetzen. Auch nach diesem Stichtag ist das Werk ein zuverlässiger Begleiter bei der Einhaltung der neuen Regeln – und ein Nachschlagewerk bei auftretenden Fragen. Den Rechtsanwälten unter Ihnen bietet es zusätzlich Unterstützung bei der Beratung Ihrer Mandanten.

Worin liegt der Vorteil unseres Werks?

Unsere beiden Autoren, die Rechtsanwälte Christian Sitter und Christian Solmecke, geben Ihnen anhand zahlreicher Beispiele und Praxistipps klare und verständliche Handlungsanweisungen für die Ergreifung der notwendigen Maßnahmen zur Einhaltung der DSGVO-Datenschutzregeln. Checklisten und Muster geben Ihnen die Möglichkeit, das neu erlangte Wissen direkt anzuwenden. Und wenn sich die Umsetzung für Ihre Kanzlei/Ihr Unternehmen doch komplizierter als erwartet gestalten sollte, können Sie zusätzlich einen spezialisierten Rechtsanwalt hinzuziehen. Durch *Fit für die DSGVO* können Sie das mögliche Problem einschätzen und gezielt Unterstützung einholen bzw. auf Augenhöhe mit dem Spezialisten kommunizieren.

Die digitale Komponente

„Zum Mitnehmen oder für hier"? Diese Frage müssen Sie bei *Fit für die DSGVO* nicht stellen. Auch wenn Sie das Fachbuch im Büro gelassen haben, können Sie auf sämtliche Inhalte von überall zugreifen. Das Online-Modul ist unter

https://www.deubner-recht.de/produkte/dsgvo

für Sie erreichbar. Die Zugangsdaten haben Sie per E-Mail von uns erhalten.

Muster und Checklisten stehen online für Sie als bearbeitbare Wordvorlage bereit. Hier im Fachbuch sind diese für eine schnelle Auffindbarkeit mit folgendem Symbol gekennzeichnet:

Ihr Vorteil: Sie verwenden die Muster und Checklisten unmittelbar und ersparen sich das mühsame und zeitraubende Abtippen.

Vielen Dank an die Autoren

Abschließend bedanke ich mich herzlich im Namen des Deubner Verlags bei unseren beiden Autoren, Christian Sitter und Christian Solmecke, die mit Akribie und Begeisterung in rekordverdächtig engem Zeitrahmen die Erstellung dieses Fachbuchs bewerkstelligt haben, um Ihnen einen echten Praktikerleitfaden an die Hand zu geben.

Ihnen wünsche ich viel Spaß bei der Lektüre und viel Erfolg bei der schnellen Umsetzung der neuen Datenschutzregeln.

Köln, im Mai 2018   *Rechtsanwältin Ilka Pijowczyk*
                            (Produktmanagerin)

Inhaltsverzeichnis

Die Autoren

Christian Sitter

Rechtsanwalt Christian Sitter ist seit 2002 als Rechtsanwalt tätig, zunächst in einer bundesweit tätigen Insolvenzkanzlei, dann als Sozius in einem Bonner Anwaltsbüro. Seit 2010 leitet er nun seine eigene Kanzlei in der alten Residenzstadt Gotha in Thüringen (*www.anwalt-gotha. de*), im Jahr 2014 hat er eine Niederlassung in Hildburghausen eröffnet (*www. anwalt-gotha.de/nl-hildburghausen*).

Christian Sitter ist seit 2006 Fachanwalt für Verkehrsrecht, seit 2007 Fachanwalt für das Recht der Informationstechnologien (IT-Recht) und seit 2018 Fachanwalt für Verwaltungsrecht. Er ist zudem zertifizierter Datenschutzbeauftragter. Über diese Rechtsgebiete hinaus ist er im Arbeitsrecht und Insolvenzrecht tätig.

Ehrenamtlich engagiert sich Christian Sitter u.a. als Landesregionalleiter im Verband Deutscher Verkehrsrechtsanwälte (VdVKA) und ist langjähriges Mitglied im Deutschen EDV-Gerichtstag e.V. Darüber hinaus hält er zu seinen Schwerpunktthemen regelmäßig Vorträge und schreibt Fachbeiträge. So ist er für den Deubner Verlag neben seiner Herausgeberschaft für das vorliegende Werk u.a. Herausgeber der „Abmahnungen im Internet" und des „Straßenverkehrsstrafrechts" und Autor u. a. für das „Praxishandbuch Insolvenzrecht" und das „Praxishandbuch Arbeitsrecht".

Christian Solmecke

Christian Solmecke hat sich als Rechtsanwalt und Partner der Kölner Medienrechtskanzlei WILDE BEUGER SOLME-
CKE (*www.wbs-law.de*) auf die Beratung
der Internet- und IT-Branche spezialisiert.

So hat er in den vergangenen Jahren den
Bereich Internetrecht/E-Commerce der
Kanzlei stetig ausgebaut und betreut zahlreiche Medienschaffende, Web 2.0-Platt-
formen und App-Entwickler. Über seinen
YouTube Kanal (*www.wbs-law.tv*) klärt Rechtsanwalt Solmecke seine mehr als 200.000 Abonnenten täglich über neuste
Urteile im Datenschutz- und Internetrecht auf. Auf der Seite
http://wbs.is/dsgvo-generator bietet seine Kanzlei einen kosten-
freien Generator für eine Datenschutzerklärung nach der neuen
DSGVO an.

Neben seiner Kanzleitätigkeit ist Christian Solmecke
Geschäftsführer des Deutschen Instituts für Kommunikation und Recht im Internet an der Cologne Business School
(*www.dikri.de*). Dort beschäftigt er sich insbesondere mit den
Rechtsfragen in Sozialen Netzen. Darüber hinaus publiziert
und spricht er regelmäßig zu internetrechtlichen Themen. So
ist er für den Deubner Verlag neben seiner Herausgeberschaft
für das vorliegende Werk u.A. Herausgeber der „Abmahnungen im Internet".

Abkürzungsverzeichnis

Abs.	Absatz
a. F.	alte Fassung
Art	Artikel
BetrVG	Betriebsverfassungsgesetz
BDSG	Bundesdatenschutzgesetz
BORA	Berufsordnung für Rechtsanwälte
BRAO	Bundesrechtsanwaltsordnung
BSI	Bundesamt für Sicherheit in der Informationstechnologie
Buchst.	Buchstabe
bzw.	beziehungsweise
CD	Compact Disk (optischer Datenspeicher)
CMS	Content-Management-System
CRM	Customer-Relationship-Management, dtsch. = Kundenbeziehungsmanagement
d. h.	das heißt
DIN	Deutsches Institut für Normung
DSB	Datenschutzbeauftragter
DSGVO	Datenschutz-Grundverordnung
DV	Datenverarbeitung
DVD	Digital Versatile Disc (optischer Datenspeicher)
EC	Electronic Cash
EG	Europäische Gemeinschaft
EStG	Einkommensteuergesetz
etc.	et cetera
EU	Europäische Union
evtl.	eventuell
f./ff.	folgende
FiBu	Finanzbuchhaltung
ggf.	gegebenenfalls

HTML	Hypertext Markup Language, dtsch. = Hypertext-Auszeichnungssprache
i.d.R.	in der Regel
IDS	Industrial Data Space
inkl.	inklusive
i.S.d.	im Sinne der/des
ISO	Internationale Organisation für Normung, engl. = International Organization for Standardization
ISP	Internet-Service-Provider
i.V.m.	in Verbindung mit
IT	Informationstechnologie
Kap.	Kapitel
KUG	auch KunstUrhG, Kunsturheberegesetz
lit.	lat. = littera, dtsch. = Buchstabe
Nr.	Nummer
o.g.	oben genannt
PC	Personal Computer
sog.	sogenannte
StGB	Strafgesetzbuch
TKG	Telekommunikationsgesetz
TMG	Telemediengesetz
TOM	Technische und organisatorische Maßnahmen
usw.	und so weiter
UWG	Gesetz gegen den unlauteren Wettbewerb
v.a.	vor allem
vgl.	vergleiche
z.B.	zum Beispiel
Ziff.	Ziffer
z.T.	zum Teil

Was kommt da auf Sie zu? – Das Wichtigste im Überblick

Auftragsverarbeitung

Von jedem, der extern mit der Verarbeitung von Daten für Sie beauftragt ist, muss eine diesbezügliche vertragliche Vereinbarung abgefordert werden.

Beweislastumkehr

Künftig ist nachzuweisen, dass die datenschutzrechtlichen Regeln eingehalten sind.

Datenschutzbeauftragter

Wer mindestens zehn Mitarbeiter hat, die personenbezogene Daten verarbeiten, oder besonders geschützte Daten verarbeitet, sollte sich hierzu Gedanken machen.

DSGVO gilt für alle

Das neue Recht gilt nicht nur in ganz Europa, es gilt v.a. auch für Facebook, Google, Amazon & Co.

Einwilligung

Wer personenbezogene Daten verarbeitet, hat eine ausdrückliche und freiwillige Zustimmung seiner Kunden/Mandanten/ Mitglieder und Mitarbeiter einzuholen. Diese ist jederzeit widerruflich.

Hohe Bußgelder

Bei extremen Datenschutzverstößen können gegen Unternehmen künftig bis zu 20 Mio. € oder 4 % ihres weltweit erzielten Jahresumsatzes als Bußgeld verhängt werden.

Informationsrecht und Hinweispflicht

Kunden (bei Unternehmen und Dienstleistern im Allgemeinen) und Mandanten (bei Anwälten und Steuerberatern im Speziellen) ist jederzeit Einsicht in ihre personenbezogenen Daten zu gewähren. Sie müssen diese außerdem auf ihre Rechte als Betroffene hinweisen.

Integrität und Vertraulichkeit

Durch technische und organisatorische Maßnahmen (TOM) ist sicherzustellen, dass Unbefugte keinen Zugang zu personenbezogenen Daten erhalten.

Meldepflichten von Datenschutzverstößen

Künftig sind alle Datenschutzpannen binnen 72 Stunden nach Kenntnis bei der Aufsichtsbehörde zu melden und die Betroffenen zu benachrichtigen.

Pflicht zur Datensicherung

Durch TOM ist sicherzustellen, dass die personenbezogenen Daten der Kunden/Mandanten/Mitglieder und Mitarbeiter vor Verlust geschützt sind, und dies ist regelmäßig zu überprüfen.

Recht auf Datenlöschung

Personenbezogene Daten sind auf Wunsch der Betroffenen zu löschen.

Transparenz

Künftig ist für Mitarbeiter und Kunden/Mandanten/Mitglieder eine Datenschutzerklärung vorzuhalten, die diese umfassend belehrt. Neben Ihren eigenen Kontaktdaten sind künftig auch die Kontaktdaten des evtl. Datenschutzbeauftragten in Ihrer Datenschutzerklärung anzugeben.

Kapitel 1: Was habe ich mit Datenschutz zu tun?

I. Einführung

Ist es wirklich möglich? Fast 60 % der in einer verlagsinternen Umfrage befragten Rechtsanwälte hatten sich bis Mitte März 2018 nach eigener Aussage noch gar nicht mit der Umsetzung der DSGVO beschäftigt. Typische Aussagen waren: „werde demnächst in Rente gehen", „habe keine entsprechende Mandantschaft", und ein Kollege schrieb gar dezidiert: „Nein, und ich werde es auch nicht tun!" Im Internet publizierte Umfragen unter Unternehmern oder Sportvereinen sahen noch schlechter aus. Gleichzeitig sahen über 40 % in diesem Rechtsgebiet durchaus Potential für anwaltliche Beratung. Wie erklärt sich dieser Widerspruch? Ist das etwa die typische „Vogel-Strauß-Politik", immer wenn komplizierte Neuigkeiten anstehen?

Beispiel:

Stellen Sie sich vor, es ist der Morgen des 25.05.2018 und in Ihrem Unternehmen geht folgendes, sorgsam kalligraphiertes Schreiben ein:

Sehr geehrte Damen und Herren,

ich bin Kunde Ihres Hauses und wende mich an Sie in Ihrer Eigenschaft als Verantwortlicher für den Datenschutz in Ihrem Unternehmen. Ich habe im Hinblick auf jüngste Veröffentlichungen zu sorglosem Umgang mit Kundendaten (vgl. die Angelegenheit Facebook & Cambridge Analytica) Anlass, Sie um Zugang zu meinen personenbezogenen Daten gem. Art. 15 der Datenschutz-Grundverordnung (DSGVO) zu ersuchen.

Ich gehe davon aus, dass Ihnen bekannt ist, dass Sie meine Anfrage binnen Monatsfrist zu beantworten haben, Art. 12

Beispiel „Auskunftsbegehren Betroffener"

3

Abs. 3 DSGVO. Sollte diese Frist fruchtlos verstreichen, werde ich sie mit einer Beschwerde an Ihren Landesdatenschutzbeauftragten weiterreichen.

Insbesondere bitte ich, mich zu folgenden Sachverhalten zu unterweisen:

1. *Bitte stellen Sie mir eine Kopie meiner persönlichen Daten zur Verfügung, die Sie haben oder verarbeiten.*

2. *Bitte teilen Sie mir darüber hinaus mit,*

   a. *welche Daten genau Sie von mir haben;*

   b. *aus welchen Quellen diese stammen, insbesondere so Sie zusätzlich personenbezogene Daten über mich aus anderen Quelle als mir selbst erheben, mich über diese vollständig zu informieren, Art. 14 DSGVO;*

   c. *ob Sie meine persönlichen Daten auf externen Speichergeräten, CD, DVD etc. oder anderen Medien gesichert haben, wo sie gespeichert sind und wie diese gesichert sind,*

   d. *ob diese sich in Datenbanken befinden und, wenn ja, in welchen,*

   e. *in welchen Kategorien Sie meine persönlichen Daten verarbeiten,*

   f. *wie lange Sie diese speichern und*

   g. *in welchem Turnus welche Kategorie personenbezogener Daten zur Löschung vorgesehen ist.*

3. *Bitte unterrichten Sie mich darüber,*

   h. *in welchen Ländern meine persönlichen Daten gespeichert sind oder von wo aus Sie darauf zugreifen können;*

   i. *falls Sie Cloud-Dienste nutzen, in denen meine Daten gespeichert sein könnten, teilen Sie mir mit, in welchen*

Ländern sich die Server befinden und wo meine Daten in den letzten zwölf Monaten gespeichert waren.

4. *Bitte teilen Sie mir mit, inwiefern Sie in den vergangenen zwölf Monaten meine Daten erhoben, gespeichert, verändert, übermittelt oder in sonstiger Weise genutzt haben.*

5. *Bitte übersenden Sie mir eine Liste aller Dritten, denen Sie meine persönlichen Daten übermittelt haben oder, können Sie diese nicht mit Sicherheit identifizieren, übermittelt haben könnten. Erläutern Sie hierbei die Rechtsgrundlage, welche Sie ermächtigt, meine persönlichen Daten Dritten zu übermitteln und diese so in den Stand zu versetzen, meine persönlichen Daten zu erheben, zu speichern oder an weitere Externe zu übermitteln.*

6. *Bitte informieren Sie mich, ob Sie Punkt 1.–5. auf der Grundlage geeigneter technischer und organisatorischer Maßnahmen (TOM) i.S.d. Art. 32 DSGVO veranlasst haben oder veranlassen werden, und überlassen mir bitte eine Kopie Ihrer diesbezüglichen Dokumentation.*

7. *Wenn Sie Entscheidungen über mich treffen, die auf einer automatisierten Verarbeitung i.S.d. Art. 22 DSGVO einschließlich Profilerstellung beruhen, erörtern Sie mir bitte den Entscheidungsprozess und die Algorithmen solcher automatisierter Entscheidungen sowie das Ergebnis und die Folgen derartiger Verarbeitungsprozesse einschließlich der gewonnenen Erkenntnisse.*

8. *Bitte informieren Sie mich über die Maßnahmen, die Sie ergriffen haben, um meine persönlichen Daten vor Verlust oder Diebstahl zu schützen.*

9. *Schließlich ist für mich von Interesse, inwiefern meine persönlichen Daten in den letzten zwölf Monaten versehentlich oder aufgrund einer Datenschutzverletzung von Ihrem Unternehmen veröffentlicht wurden und, falls ja,*

j. *berichten Sie mir bitte detailliert über das konkrete Vorkommnis, insbesondere Datum und Uhrzeit des Verstoßes und wann Sie dieses genau entdeckt haben;*

k. *wer für den Verstoß verantwortlich ist;*

l. *welche meiner persönlichen Daten konkret betroffen waren;*

m. *inwiefern mir ein materieller oder immaterieller Schaden infolge des Verstoßes entstanden ist oder noch droht;*

n. *welche Maßnahmen Sie bereits getroffen haben oder zu treffen gedenken, um künftig eine rechtswidrige Offenlegung meiner persönlichen Daten auszuschließen;*

o. *falls Sie es nicht wissen, aber auch nicht ausschließen können, ob ein solcher Verstoß stattgefunden hat, erläutern Sie mir bitte, welche Maßnahmen Sie unter Verwendung welcher TOM ergriffen haben, einen unbefugten Zugriff auf meine Daten auszuschließen oder zu mildern, ob Sie über eine Technologie verfügen, mit der Sie mit hinreichender Sicherheit wissen können, ob meine persönlichen Daten offengelegt wurden (IDS, Firewall, ISÆN, sonstige Securitytools), und ob Sie ein System zur Datensparsamkeit und -minimierung installiert haben, meine persönlichen Daten ggf. verschlüsseln, anonymisieren oder pseudonymisieren;*

p. *welche Maßnahmen Sie in Bezug auf Mitarbeiter oder externe Vertragspartner in Ihrem Haus ergriffen haben, um auszuschließen, dass diese personenbezogene Daten für Zwecke außerhalb Ihres Unternehmens auf externen Geräten speichern und/oder diese per E-Mail, mobilem Messenger oder auf andere Weise weitergeben.*

Mit freundlichen Grüßen

B. Sorgter-Bürger

Hand aufs Herz: Wie viele dieser Fragen könnten Sie heute beantworten? Und Sie dürfen davon ausgehen, **dass** Sie diese so, wie von Ihrem Kunden gewünscht, vollständig **binnen Monatsfrist** zu beantworten **haben**. Dies schreibt Art. 12 Nr. 3 DSGVO tatsächlich so vor.

Und der Rechtsanwalt?

Abgesehen davon, dass auch er so ein Schreiben erhalten könnte: Er hat nach § 50 Abs. 2 BRAO Handakten zu führen. Diese enthalten **viele persönliche Informationen**, nicht nur über den Mandanten. Im Mandatsaufnahmegespräch erfährt der Rechtsanwalt i.d.R. weitere intime Informationen, von denen der Mandant ausgeht, dass sie „im Raum" bleiben. Deshalb ist der Rechtsanwalt auch nach § 43a BRAO zur Verschwiegenheit verpflichtet über alles, was er im Rahmen der Mandatsausübung erfährt. Diese Informationen schreibt er sich auf oder diktiert sie gleich in sein Handgerät. Hat er Maßnahmen zu treffen, dass die Verschwiegenheit bei der weiteren Mandatsbearbeitung gewahrt bleibt? Und ob. Diese Pflicht ist nach § 203 StGB sogar strafbewehrt. Plaudert er ein ihm bekannt gewordenes intimes Detail aus, das die Runde macht, oder fängt sich sein Rechner einen Trojaner ein, der für Datenverlust sorgt, hat er ein nicht unerhebliches Problem.

> **Datenschutz beim Rechtsanwalt**

Beispiel:

Ein alltäglicher Fall schließlich aus dem **Vereinsleben:** Der Lokalreporter möchte vom Trainerteam des Boxvereins Neustadt ein paar Infos für das bevorstehende Boxturnier und schreibt dann in einem kleinen Artikel des „Neustädter Boten", was der Trainer ihm per E-Mail geschickt hat:

> **Beispiel „Presseinformation Verein"**

„Endlich wird in Neustadt wieder geboxt. Am kommenden Samstag beginnt um 9.00 Uhr in der Winkelmannhalle das Kaderturnier der Junioren, wo sich die Besten ihrer Altersklasse messen werden. Leider kann Lokalmatador Kevin Römhild nicht dabei sein, weil der noch seinen Bänder-

riss im Sprunggelenk auskuriert, den er sich beim Skifahren in Tirol zugezogen hat. Ob der ambitionierte Afghane Tarik Rahimi, der in seinen ersten drei Kämpfen bereits für Furore gesorgt hat, dabei sein kann, ist noch nicht sicher. Er muss zeitgleich beim Bundesamt für Migration zur Anhörung über seinen Asylantrag antreten."

Das Trainerteam wird ganz blass, als ich es belehre, dass es hier datenschutzrechtlich so ziemlich alles falsch gemacht hat, was es falsch machen konnte. Denn was ist hier datenschutzrechtlich passiert? Der Trainer hat Informationen über persönliche Verhältnisse (**Daten**, Art. 4 Nr. 1 DSGVO) per E-Mail, damit automatisiert an Dritte weitergereicht (**Datenübermittlung**, Art. 44 Satz 1 DSGVO), sogar besonders sensible und damit **besonders geschützte Daten**, nämlich

- über den **Gesundheitszustand** von Kevin und

- über die **ethnische Herkunft** von Tarik,

Art. 9 Abs. 1 DSGVO.

Fehlende Einwilligung

Eine Weitergabe ohne Einwilligung der Sportler, welche die Trainer natürlich nicht gefragt hatten, ist strikt und ohne Heilungsmöglichkeit unzulässig – die nachträgliche Einholung der Einwilligung behebt das Versäumnis also nicht, der Datenrechtsverstoß ist begangen. Der Schutz natürlicher Personen bei der Verarbeitung personenbezogener Daten ist ein Grundrecht. Der Zweck datenschutzrechtlicher Regeln liegt nicht im Schutz der Daten, sondern darin, den Einzelnen davor zu schützen, dass er durch den Umgang mit seinen personenbezogenen Daten in seinem Persönlichkeitsrecht beeinträchtigt wird (Erwägungsgrund 2 zu Art. 1 DSGVO).

Abwägung i. d. R. zugunsten des Betroffenen

Für die Verarbeitung braucht man eine **Rechtsgrundlage**: Es ist alles verboten, was das Gesetz nicht ausdrücklich erlaubt. Informationen zum Gesundheitszustand oder zur Herkunft dürfen ohne Einwilligung des Betroffenen nach Art. 9 DSGVO nur unter ganz strengen Voraussetzungen verarbeitet werden, die hier allesamt nicht vorliegen. Darf denn der

Trainer wenigstens erzählen, dass Kevin im Urlaub in Tirol war, fragt ein Trainer? Dies sei ja „keine besonders sensible Sache". Auch hier großer Irrtum. Schon bisher galt nach § 28 Abs. 1 Nr. 2 BDSG a.F., dass dies nur zulässig ist, „soweit es zur Wahrung berechtigter Interessen der verantwortlichen Stelle erforderlich ist und kein Grund zu der Annahme besteht, dass das schutzwürdige Interesse des Betroffenen an dem Ausschluss der Verarbeitung oder Nutzung überwiegt". Das berechtigte Interesse des Vereins besteht in der Berichterstattung zu dem bevorstehenden Wettkampf. Diesem steht das besonders schutzwürdige Interesse des Kämpfers gegenüber, der im Zweifel meint, dass es niemanden etwas angehe, wo er seinen Urlaub verbringt, welchen Sport er dort wie intensiv betreibt und dass er sich dort auch noch verletzt hat, was auf eigene Nachlässigkeit hindeuten könnte. Sein Interesse ist also wichtiger als das Informationsinteresse des Vereins.

Was ist also Datenschutz?

Alles. Es ist höchste Zeit, darüber nachzudenken, dass wir alle, jeder von uns, auch und gerade im Berufsleben, an jedem Tag mit einer Fülle personenbezogener Daten umgehen, deren Integrität und Vertraulichkeit wir grds. schulden.

An dieser Stelle wollen wir gleich klarstellen, wen in der Kanzlei, im Unternehmen oder im Verein die Pflicht trifft, den Datenschutz im Auge zu haben. Künftig wird immer wieder vom **Verantwortlichen** die Rede sein. Wer ist das? Ganz einfach:

Verantwortlicher ist nach Art. 4 Nr. 7 DSGVO die natürliche oder juristische Person, Behörde, Einrichtung oder andere Stelle, die allein oder gemeinsam mit anderen über die Zwecke und Mittel der Verarbeitung von personenbezogenen Daten entscheidet.

Im Klartext: Verantwortlicher ist jeder, der mit personenbezogenen Daten anderer umgeht.

Verantwortlicher

Definition „Verantwortlicher"

9

Was bedeutet das?

Die Verantwortlichen **haften jedem betroffenen Dritten** dafür, dass bei jedem Verarbeitungsvorgang die Regeln der DSGVO (s. hierzu im Einzelnen Kap. 5) eingehalten werden. Jedem Dritten? Nein, eine kleine Einschränkung kennt auch die DSGVO: Deren Pflichten gelten nicht für natürliche Personen, die ihre Daten **nur für** persönliche oder familiäre Tätigkeiten verarbeiten.

Drei Gewiss-
heiten

Was lernen wir aus alldem?
An drei Gewissheiten kommen Sie leider nicht vorbei:

1. Datenschutz betrifft **auch Sie;**

2. Datenschutz ist **Chefsache** und

3. Datenschutz ist leider **nicht kostenlos** zu haben.

II. Für wen gilt die DSGVO konkret

Nach Art. 1 Abs. 1 DSGVO geht es um den Schutz natürlicher Personen bei der ganz oder z. T. automatisierten Verarbeitung **personenbezogener Daten.** Alle, die dies tun, ohne im rein privaten und familiären Umfeld unterwegs zu sein, fallen unter die DSGVO.

Definition
„Personenbe-
zogene Daten"

Personenbezogene Daten sind nach Art. 4 Nr. 1 DSGVO alle Informationen, die sich auf eine identifizierte oder identifizierbare natürliche Person beziehen. Was dies im Einzelnen bedeutet, werden wir in Kap. 3 erläutern.

Definition
„Verarbeitung"

Verarbeitung umfasst nach Art. 4 Nr. 2 DSGVO jeden **mit oder ohne Hilfe** automatisierter Verfahren ausgeführten Vorgang, der mit personenbezogenen Daten geschieht wie

- das Erheben,

- das Erfassen,

- die Organisation,

- das Ordnen,

- die Speicherung,

- die Anpassung oder Veränderung, das Auslesen,

- das Abfragen,

- die Verwendung,

- die Offenlegung durch Übermittlung,

- die Verbreitung oder eine andere Form der Bereitstellung,

- den Abgleich oder die Verknüpfung,

- die Einschränkung, das Löschen oder die Vernichtung.

Merke:

Es dürfte aufgefallen sein, dass der Vorgang der Verarbeitung personenbezogener Daten zum einen

- alles umfasst, was Sie mit personenbezogenen Daten anstellen, und

- ausdrücklich **nicht mit Hilfe eines PC** stattfinden muss. Auch handschriftlich abgefasste Karteikarten aus Papier oder das Führen einer ausschließlich handschriftlich geführten Personalakte sind demnach Datenverarbeitung i. S. d. DSGVO.

- Das bedeutet: Bereits **handschriftliche Aufzeichnungen** etwa des Anwalts bei der Mandatsaufnahme sind Datenverarbeitung in diesem Sinne. Dies betrifft sowohl die Aufnahme der Daten für die spätere elektronische Erfassung und Speicherung als auch für die Ablage in einem Aktenordner.

III. Erste Schritte

Welche Schritte sollten Sie jetzt unmittelbar einleiten?

✓ Handeln Sie so **schnell** wie möglich – bis zum 25.05.2018 haben Sie nicht mehr viel Zeit. Für die verspätete Umset-

Sofort starten!

zung der DSGVO drohen hohe Bußgelder, wettbewerbs-rechtliche Abmahnungen sowie höhere Schadensersatzkla-gen der betroffenen Personen, deren Daten Sie speichern.

Überblick verschaffen

✓ Verschaffen Sie sich einen **Überblick** in einer Tabelle, was Sie in Ihrem Haus datenschutzrechtlich eigentlich machen. Beziehen Sie dabei jede hausinterne wie -externe Kommunikation (s. Eingangsfall oben, Ziff. I) mit ein.

Tabellarische Übersicht erstellen

✓ Sammeln Sie alle Informationen dazu, wer wie welche Daten in Ihrem Haus verarbeitet. Erstellen Sie hierzu in einer Tabelle ein DSGVO-konformes **Verzeichnis der Verarbeitungtätigkeiten** (s. im Einzelnen Kap. 2).

Auftrags-verarbeiterlisten

✓ Listen Sie auf, wer für Sie weisungsgebunden Daten verarbeitet (**Auftragsverarbeiter** (s. im Einzelnen Kap. 3)). Prüfen Sie, ob diese Dienstleister alle gesetzlichen Anforderungen erfüllen, und lassen Sie sich dies vertraglich zusichern. Überprüfen Sie Ihre zugrundeliegenden Verträge. Benennen Sie einen Zuständigen, der Ihre Auftragsverarbeiter regelmäßig überwacht.

Datenschutz-beauftragter

✓ Prüfen Sie, ob Sie verpflichtet sind, einen **Datenschutzbeauftragten** (s. im Einzelnen Kap. 9) zu benennen.

System schaffen

✓ Verpflichten Sie sich oder eine Person Ihres Vertrauens, zügig auf die Rechtewahrnehmung Betroffener, insbesondere auf **Auskunfts- und Löschungsbegehren** (s. im Einzelnen Kap. 5), zu reagieren.

Datenschutz-erklärung verfassen

✓ Stellen Sie sicher, dass Sie bei Erhebung von personenbezogen Daten den Betroffenen die gesetzlich vorgeschriebenen **Informationspflichten** mitteilen – etwa auf einem Infoblatt oder verständlich in einer Datenschutzerklärung (s. im Einzelnen Kap. 5).

Einwilligungen erteilt?

✓ Prüfen Sie, ob Sie Ihre Daten rechtssicher verarbeiten. Sind die bei Ihnen gespeicherten Daten Dritter bzw. Ihrer Mitarbeiter vom Gesetz so gedeckt? Oder brauchen Sie hierfür eine Einwilligung (s. im Einzelnen Kap. 3)? Wenn ja, erfüllt die **Einwilligung** auch die Bedingungen der DSGVO? Stellen Sie sicher, dass all Ihre Daten auch zukünftig rechtssicher verarbeitet werden.

✓ Etablieren Sie ein System, um bei Ihnen **gespeicherte Daten zu schützen** – sowohl durch interne Abläufe als auch durch Sicherheitsmaßnahmen (s. im Einzelnen Kap. 7). Wenn es doch einmal zu einem Datenleck kommen sollte, müssen Sie vorbereitet sein und dies schnell den Betroffenen und der **Aufsichtsbehörde melden** können (s. im Einzelnen Kap. 8). Empfehlenswert ist es, alle Maßnahmen in einer Richtlinie für Datenschutz und Datensicherheit festzuhalten. Prüfen Sie schriftlich, ob Sie eine **Datenschutz-Folgenabschätzung** durchführen müssen (s. im Einzelnen Kap. 2).

System zur Datensicherheit etablieren

✓ **Schulen Sie Ihre Mitarbeiter** regelmäßig. Ihnen müssen sowohl die Bedeutung als auch die Grundlagen des Datenschutzes bewusst sein. Zudem müssen Sie Ihr individuelles Datenschutzkonzept kennen und anwenden können.

Mitarbeiter regelmäßig schulen

IV. Brauche ich ein Datenschutz- managementsystem?

Keine Frage: Der europäische Gesetzgeber hat sich vorgenommen, v. a. Unternehmen dazu zu bewegen, sich – ggf. erstmalig – Gedanken um den Datenschutz in ihrem Betrieb zu machen. Deshalb verpflichtet er sie zu erhöhten Dokumentations- und Nachweispflichten, was ihre Datenverarbeitungsprozesse angeht.

Doku-Pflichten

Art. 5 Abs. 2 DSGVO spricht erstmals von einer „**Rechenschaftspflicht**" des Verantwortlichen: Dieser ist für die Einhaltung des gesetzmäßigen Umgangs mit den verarbeiteten personenbezogenen Daten verantwortlich und muss dessen Einhaltung nachweisen können. Ob damit im Falle eines Falles eine **Beweislastumkehr** verbunden sein soll, ist noch nicht geklärt. Worum es genau geht, sagt Absatz 1, der die zu beachtenden **Datenschutzprinzipien** beim Namen nennt. Diese sind:

„Rechenschaftspflicht"

Datenschutz-
prinzipien

- die **Rechtmäßigkeit** der Datenverarbeitung;
- die **Transparenz** der Datenverarbeitung:
- der Betroffene muss nachvollziehen können, welche Daten von ihm verarbeitet werden, weshalb eine korrekte Datenschutzerklärung unerlässlich ist.
- das grds. **Verbot der Datenverarbeitung mit Erlaubnisvorbehalt**:
- Datenverarbeitung ist, so war es bisher auch schon, verboten, es sei denn, das Gesetz lässt sie ausdrücklich zu.
- die **Zweckbindung** der Datenverarbeitung:
- Dies bedeutet, Daten dürfen nur für festgelegte, eindeutige und legitime Zwecke erhoben werden und dürfen nicht in einer mit diesen Zwecken nicht zu vereinbarenden Weise weiterverarbeitet werden. Es ist also wichtig, dass zu Beginn feststeht, wofür die Daten erhoben werden. Dies ist zu dokumentieren.
- der **Grundsatz der Datenminimierung**:
- Eine „Datenerhebung auf Vorrat" ist verboten, Art. 5 Abs. 1 Buchst. c) DSGVO.
- die **Integrität** und **Vertraulichkeit** der Datenverarbeitung:
- Erhobene Daten müssen durch technische und organisatorische Maßnahmen (TOM) vor unbefugter Verarbeitung, Veränderung oder gar Verlust geschützt werden.

> **Merke:**
> Wichtig ist, dass der Verantwortliche ein Konzept erstellt, welches
> - sicherstellt, dass diese Datenschutzprinzipien bei jedem Datenvereinbarungsprozess beachtet werden;
> - sicherstellt, dass der Schutzstandard hoch ist und so erhalten bleibt, und
> - sicherstellt, dass dies zyklisch geprüft wird.

Ein softwarebasiertes Datenschutzmanagementsystem wird hierbei allenfalls für größere Unternehmen erforderlich sein.

Der erste Schritt, seiner Rechenschaftspflicht nachzukommen, ist die Erstellung eines Verzeichnisses der Verarbeitungstätigkeiten. Hiervon wird im nächsten Kapitel (Kap.2) die Rede sein.

V. „Erste Hilfe" für Vereine

Dass Datenschutz auch ein Thema für Vereine ist, ist nach diesen einleitenden Worten wohl auch klar geworden. Ich schlage daher bereits jetzt **jedem Verein** als „Erste Hilfe" vor, in die Vereinssatzung einen Passus zum Datenschutz aufzunehmen, der wie folgt lauten könnte:

Muster: Datenschutzklausel in der Vereinssatzung

---

§ ... Beginn der Mitgliedschaft – Datenschutz

(1) Mit dem Beitritt erklärt sich das Mitglied einverstanden, dass die im Zusammenhang mit der Mitgliedschaft benötigten personenbezogenen Daten unter Berücksichtigung der Vorgaben des Bundesdatenschutzgesetzes und der Datenschutz-Grundverordnung per EDV für den Verein erhoben, verarbeitet und genutzt werden. Dabei handelt es sich um: Name, Anschrift, Familienstand, Beruf, Telefon, Abteilung und Bankverbindung. Ohne dieses Einverständnis ist eine Aufnahme in den Verein nicht möglich.

(2) Die überlassenen personenbezogenen Daten dürfen ausschließlich für Vereinszwecke verwendet werden. Hierzu zählen insbesondere die Mitgliederverwaltung, die Durchführung des Sport- und Spielbetriebs, die Veröffentlichung in der Vereinszeitung sowie interne Aushänge am „Schwarzen Brett". Eine anderweitige Verarbeitung oder Nutzung, insbesondere die Übermittlung an Dritte, ist zulässig, soweit sie der Erfassung oder der Erlangung von Start- und Spielberechtigungen beim zuständigen Sportverband dient, im Übrigen nicht zulässig.

Darüber hinaus empfehlen Datenschutzbeauftragte, bei Vereinsbeitritt von jedem Mitglied die Einwilligung zur Nutzung seiner Daten durch Unterschrift ausdrücklich einzuholen:

 Muster: Datenschutzhinweis in der Beitrittserklärung eines Vereins

---

Datenschutz:
Ich erkläre mich damit einverstanden, dass vorstehende Daten für vereinsinterne Zwecke in einer EDV-gestützten Mitglieder- und Beitragsdatei gespeichert werden. Im Übrigen wird auf § ... der Vereinssatzung verwiesen. Ohne dieses Einverständnis kann eine Mitgliedschaft nicht begründet werden.

VI. Muster eines Datenschutzkonzepts

Im Folgenden möchten wir Ihnen ein Muster für ein Datenschutzkonzept geben. Wofür ist dieses Muster hilfreich? Zeit für ein bisschen Wiederholung des in diesem Kapitel, Ziff. I-IV Erläuterten.

Wozu benötige ich ein Datenschutzkonzept?

Die Dokumentation Ihres Datenschutzkonzepts hilft Ihnen dabei, die Umsetzung datenschutzrechtlicher Vorgaben schriftlich festzuhalten und vor allem nachzuweisen. Diese ist nicht nur innerhalb eines Unternehmens/einer Kanzlei als Richtlinie und Checkliste für Ihre Mitarbeiter und Sie als (Unternehmens-)Leitung sinnvoll. Sie kann auch im Rahmen eines **Datenschutzaudits** als Anhaltspunkt für das Datenschutzniveau eines Unternehmens/einer Kanzlei herangezogen werden.

Aufsichtsbehördliche Kontrollen

Auch im Rahmen von aufsichtsbehördlichen Kontrollen ist ein Datenschutzkonzept ein sinnvolles Instrument zum Nachweis über die Einhaltung der datenschutzrechtlichen Vorgaben der europäischen Datenschutz-Grundverordnung

(DSGVO). Denn diese erhöht die **Nachweis- und Dokumentationspflichten** für Unternehmen erheblich.

Das Datenschutzkonzept ist somit eine **zentrale Dokumentationsstelle** für eine Vielzahl von Rechenschaftspflichten, die das Datenschutzrecht vorsieht, und hat demnach eine – auch im Hinblick auf ihre Komplexität – nicht zu unterschätzende Funktion.

Hinweis zum nachfolgenden Muster:

Da das Datenschutzkonzept im höchsten Maße individuell ist, bietet sich an dieser Stelle kein Musterformular mit Formulierungsvorschlägen an. Vielmehr möchten wir Ihnen an dieser Stelle ein **Aufbau-Muster** an die Hand geben und innerhalb der einzelnen Punkte erläutern, welche Inhalte an dieser Stelle erwartet werden.

Muster: Aufbau Datenschutzkonzept

Präambel

Die Präambel Ihres Datenschutzkonzepts übernimmt die Funktion eines Vorworts und dient dazu, Ihr Unternehmen kurz zu beschreiben und den Sinn und Zweck Ihres Datenschutzkonzepts zu verschriftlichen. Sie erläutern in diesem Teil also, was Ihr Unternehmen dazu motiviert, die Regelungen des Datenschutzrechts einzuhalten, und dass sich das Unternehmen sowie dessen Mitarbeiter dazu verpflichten, den Vorgaben der europäischen Datenschutz-Grundverordnung entsprechend besonders sensibel und sparsam mit den personenbezogenen Daten der Betroffenen umzugehen. Auch sollte die Präambel einen Hinweis zum zeitlichen Stand des Datenschutzkonzepts enthalten.

Geltungsbereich

Innerhalb des Datenschutzkonzepts sollte eine Angabe dazu erfolgen, für wen die festgelegten Grundsätze gelten. Das bedeutet, dass die Personengruppen zu identifizieren sind, die von dem Datenschutzkonzept betroffen sind. Zwar sind dies in erster Linie die eigenen Beschäftigten des Unternehmens, es ist aber auch möglich, den Geltungsbereich auf von der Datenverarbeitung betroffene Personengruppen wie Kunden oder externe Auftragnehmer zu erweitern.

Datenschutzpolitik

Ein wichtiger Aspekt Ihres Datenschutzkonzepts ist Ihre allgemeine Datenschutzpolitik. Daher sollten Sie an dieser Stelle darlegen, auf welche Art und Weise Sie die Datenverarbeitung vornehmen. Dabei bietet es sich an, sich an der europäischen Datenschutz-Grundverordnung zu orientieren, die in Art. 5 DSGVO die Grundsätze für die Verarbeitung personenbezogener Daten normiert. Dazu gehören beispielsweise das Transparenzgebot oder das Prinzip der Datensparsamkeit. Dabei sollten auch ggf. vorhandene branchenspezifische datenschutzrechtliche Regelungen miteinbezogen werden.

Auch können an dieser Stelle für das Datenschutzkonzept wichtige Begrifflichkeiten – wie z.B. „personenbezogene Daten" oder „Verantwortlicher" – definiert werden. Zurückgreifen können Sie dabei auf die für Ihr Datenschutzvorhaben relevanten gesetzlichen Definitionen des Art. 4 DSGVO. Von besonderer Bedeutung sind dabei die folgenden Begriffe:

- „Personenbezogene Daten" sind gem. Art. 4 Nr. 1 DSGVO *alle Informationen, die sich auf eine identifizierte oder identifizierbare natürliche Person (im Folgenden „betroffene Person") beziehen; als identifizierbar wird eine natürliche Person angesehen, die direkt oder indirekt, insbesondere mittels Zuordnung zu einer Kennung wie einem Namen, zu einer Kennnummer, zu Standortdaten, zu einer Online-Kennung oder zu einem oder mehreren besonderen Merkmalen identifiziert werden kann, die Ausdruck der physischen, physiologischen, genetischen, psychischen, wirtschaftlichen, kulturellen oder sozialen Identität dieser natürlichen Person sind.*"

- Unter einer „Verarbeitung" von Daten versteht der europäische Gesetzgeber gem. Art. 4 Nr. 2 DSGVO *jeden mit oder ohne Hilfe automatisierter Verfahren ausgeführten Vorgang oder jede solche Vorgangsreihe im Zusammenhang mit personenbezogenen Daten wie das Erheben, das Erfassen, die Organisation, das Ordnen, die Speicherung, die Anpassung oder Veränderung, das Auslesen, das Abfragen, die Verwendung, die Offenlegung durch Übermittlung, Verbreitung oder eine andere Form der Bereitstellung, den Abgleich oder die Verknüpfung, die Einschränkung, das Löschen oder die Vernichtung.*"

- Ein „Verantwortlicher" ist gem. Art. 4 Nr. 7 DSGVO *die natürliche oder juristische Person, Behörde, Einrichtung oder andere Stelle, die allein oder gemeinsam mit anderen über die Zwecke und Mittel der Verarbeitung von personenbezogenen Daten entscheidet; sind die Zwecke und Mittel dieser Verarbeitung durch das Unionsrecht oder das Recht der Mitgliedstaaten vorgegeben, so können der Verantwortliche beziehungsweise die bestimmten Kriterien seiner Benennung nach dem Unionsrecht oder dem Recht der Mitgliedstaaten vorgesehen werden.*"

Weiterhin sollte Teil Ihrer Datenschutzpolitik sein, Ihr Datenschutzmanagementsystem kontinuierlich zu verbessern und einen hohen Datenschutzstandard durch Mitarbeiterschulungen auf der einen Seite sowie deren Sensibilisierung und Verpflichtung zu rechtskonformem Handeln auf der anderen Seite zu garantieren. Sie sollten daher in diesem Gliederungspunkt erläutern, welche Schulungen Sie für welche Mitarbeiter in welchen zeitlichen Abständen vorsehen und welche Themen darin behandelt werden. Auch sollten Sie transparent darlegen, auf welche Art und Weise im Detail die Sensibilisierung der Mitarbeiter erfolgt und zu welchen Verhaltensregeln sich diese verpflichten. In Betracht kommt dabei beispielsweise die Unterzeichnung einer entsprechenden Erklärung zum Datengeheimnis und zur Einhaltung dieses Datenschutzkonzepts.

Verantwortlichkeit innerhalb des Unternehmens

Damit die Betroffenen wissen, wer für die Einhaltung der datenschutzrechtlichen Vorgaben in Ihrem Unternehmen verantwortlich ist, sollten Sie an dieser Stelle den Namen des Unternehmens, ggf. dessen Gesellschaftsform und den gesetzlichen Vertreter, die Anschrift sowie die Kontaktdaten benennen.

Wenn ein betrieblicher Datenschutzbeauftragter bestellt ist, sollte er an dieser Stelle mit Kontaktmöglichkeit aufgezeigt werden und es sollte sein konkreter Aufgabenbereich beschrieben werden – Gleiches gilt auch für Informationen zu einem externen Datenschutzbeauftragten.

Auch müssen Sie Angaben zu der Person bereithalten, die im operativen Geschäft für die Einhaltung des Datenschutzes zuständig ist. Denn regelmäßig ist der Datenschutzbeauftragte nicht auch die operativ verantwortliche Person.

Maßgeblich ist in allen Fällen der Zeitpunkt der Erstellung und Veröffentlichung des Datenschutzkonzepts.

Der Umgang mit personenbezogenen Daten

In diesem Punkt sollten Sie zunächst Ihr Datenverarbeitungsvorhaben detailliert erläutern. Dabei sollten Sie klar herausstellen,

- welches Ziel Sie mit der Verarbeitung von
- welchen Daten
- durch wen erreichen wollen,
- wer Zugriff auf diese Daten hat und
- wann die Daten wieder gelöscht werden.

Auch sollten Sie darlegen, auf welcher gesetzlichen Grundlage die von Ihnen geplante Datenverarbeitung erfolgt. Dazu müssen Sie sich auf die für Ihr Unternehmen geltenden datenschutzrechtlichen Normen beziehen. Neben der europäischen Datenschutz-Grundverordnung und dem deutschen Bundesdatenschutzgesetz können für Sie durchaus auch andere gesetzliche Regelungen des Handelsgesetzbuchs, Sozialgesetzbuchs, des Telemediengesetzes oder des Telekommunikationsgesetzes die Datenerhebung und Datenverarbeitung regeln.

Weiterhin sollten Sie bestimmen, welches Schutzniveau für die von Ihnen verarbeiteten personenbezogenen Daten im Hinblick auf Vertraulichkeit, Integrität und Verfügbarkeit nötig ist. Dabei können Sie sich an den Kategorien des Bundesamts für Sicherheit in der Informationstechnik (BSI) orientieren, das in seinem Paper „BSI-Standard 100-2" die „IT-Grundschutz-Vorgehensweise" dargelegt und eine Differenzierung zwischen „sehr hoch", „hoch" und „normal" vorgenommen hat. Darin erläutert das BSI auch, wann die jeweilige Kategorie zutreffend ist. Sie müssen also anhand der Kriterien des BSI prüfen, welche der drei Kategorien zu Ihrer Art der Datenverarbeitung passt, und dementsprechend die Kategorisierung vornehmen. Daneben finden sich auch Schutzstufenkonzepte in den verschiedenen Bundesländern, die ebenfalls verwendet werden können.

Im Anschluss daran sollten Sie darlegen, welche fachlichen datenschutzbezogenen Anforderungen sich daraus für das Erheben, Verarbeiten und Nutzen personenbezogener Daten in Ihrem Unternehmen ergeben und wie diese Tätigkeiten auszugestalten sind, um die rechtlichen Anforderungen einzuhalten.

Bestehende technische und organisatorische Maßnahmen

Ausgehend von dem ermittelten Datenschutzbedarf müssen Sie geeignete technische und organisatorische Maßnahmen zum Schutz der Daten treffen und diese auch dokumentieren, um so Ihrer Rechenschaftspflicht nachzukommen. Während unter technischen Maßnahmen all jene zu verstehen sind, die sich physisch umsetzen lassen und sich auf den Datenverarbeitungsvorgang selbst beziehen, betreffen organisatorische Maßnahmen die äußeren Rahmenbedingungen eines rechtskonformen Datenverarbeitungsvorgangs. Sie müssen also im Detail erläutern, welche Maßnahmen Sie getroffen haben.

Um festzustellen, ob die getroffenen Maßnahmen ausreichend sind, muss der bestehende Datenschutzbedarf dem Datenverarbeitungsrisiko gegenübergestellt werden. Zu berücksichtigen sind dabei gem. Art. 32 DSGVO verschiedene Kriterien:

- Art,
- Umfang,
- Umstände und
- Zwecke der Datenverarbeitung,
- der Stand der Technik,

- Implementierungskosten sowie
- Eintrittswahrscheinlichkeit und
- Schwere des Risikos für Rechte und Freiheiten natürlicher Personen.

Dabei können Unternehmen sich an den internationalen Standards der DIN ISO/IEC 27002:2016-11 „Informationstechnologie – IT-Sicherheitsverfahren – Leitfaden für Informationssicherheits-Maßnahmen" unter Berücksichtigung der ISO/IEC DIS 29151:2016-07 „Informationstechnik – Sicherheitsverfahren – Leitfaden für den Schutz personenbezogener Daten" orientieren.

Dokumentationsverzeichnis

An dieser Stelle des Datenschutzkonzepts kommen die umfangreichen Dokumentationen zum Tragen, die die europäische Datenschutz-Grundverordnung vorsieht. Insbesondere handelt es sich dabei um

- das Verzeichnis von Verarbeitungstätigkeiten,
- die Risikoanalyse,
- Verträge zur Auftragsverarbeitung und
- das Verzeichnis über bestehende technische und organisatorische Maßnahmen sowie
- über durchgeführte interne und externe Überprüfungen.

Diese Übersichten sind nicht nur für den Datenschutzbeauftragten von Vorteil, da er auf dieser Grundlage die geplanten Datenverarbeitungsvorhaben besser einschätzen und vorab kontrollieren kann, sondern schaffen auch Transparenz gegenüber Betroffenen.

Im Rahmen der jeweiligen Dokumentationen sollten Sie auch festhalten, wann die Dokumentation erfolgt ist und an welchem Ort das Dokument analog oder digital abgelegt wurde.

Risikomanagement

Ebenfalls von besonderer Bedeutung für ein Datenschutzkonzept ist die Identifizierung sowie Bewertung datenschutzrechtlicher Risiken und die damit verbundene Einführung eines angemessenen Risikomanagementsystems. Auf diese Art und Weise können zielgerichtet Maßnahmen zur Minimierung der Risiken eingesetzt und im Anschluss daran auch überwacht werden. An dieser Stelle sollten Sie daher erläutern, welche Risiken im Rahmen Ihres Datenverarbeitungsvorgangs bestehen und wie Sie darauf reagieren wollen. Zu jedem Risiko sind zudem die mögliche Eintrittswahrscheinlichkeit ebenso wie das Schadenspotential und das Schadensausmaß zu ermitteln und die Maßnahmen zur Behandlung des Risikos sowie das voraussichtliche Restrisiko nach Behandlung in einem Risikoregister zu benennen.

Sollten Sie die Risiken in Ihrem Unternehmen noch nicht ermittelt haben, können Sie an dieser Stelle auch erläutern, zu welchem Zeitpunkt Sie die erste Risikoanalyse planen und wie Sie diese genau durchzuführen beabsichtigen.

Datenschutzvorfälle

Datenschutzvorfälle lassen sich trotz aller Maßnahmen zur Vermeidung selbiger nicht verhindern. Aus diesem Grund sollten Sie an dieser Stelle erläutern, was Sie beabsichtigen, in einer solchen Situation zu tun. Dabei sollten Sie die einzelnen Schritte darlegen, die in Ihrem Unternehmen nach einem Datenschutzvorfall durch den Datenschutzbeauftragten angestoßen werden. So müssen beispielsweise zunächst die Ursachen des Vorfalls ermittelt und beseitigt sowie die negativen Folgen des Vorfalls eingedämmt werden. Im Anschluss daran sollten Sie Risiken neu bewerten. Unter Umständen ist es zudem erforderlich, die von dem Datenschutzvorfall Betroffenen zu informieren und auf Verlangen der Aufsichtsbehörde Auskunft zu erteilen. Zudem sollte langfristig eine stärkere Sensibilisierung der Mitarbeiter erfolgen, damit Datenschutzvorfälle einerseits verhindert und andererseits im Fall des Falles als solche identifiziert werden können.

Betroffenenanfragen

Die europäische Datenschutz-Grundverordnung hat die Rechte der Betroffenen weiter gestärkt, weshalb Unternehmen jederzeit mit internen wie externen Datenschutzanfragen rechnen müssen. Aus diesem Grund ist es sinnvoll, innerhalb des Datenschutzkonzepts zu regeln, welche Schritte nach einer Betroffenenanfrage an den Datenschutzbeauftragten einzuleiten sind, um diese einheitlich und auch innerhalb des geforderten angemessenen Zeitraums bearbeiten zu können. Sie sollten daher an dieser Stelle darlegen, über welche Kommunikationskanäle der Datenschutzbeauftragte kontaktiert werden kann und wie diese Anfragen jeweils im Detail erfasst, bearbeitet und überwacht werden.

Kapitel 2: Verzeichnis von Verarbeitungs-tätigkeiten: leicht gemacht

I. Grundsatz

Zunächst die schlechte Nachricht: Ab dem 25.05.2018 muss quasi **jede Stelle**, die Daten verarbeitet, Ihre Anwaltskanzlei, Ihr Unternehmen, Ihr Verein, ein – schriftliches oder elektronisches – **Verzeichnis ihrer Datenverarbeitungstätigkeiten** führen, Art. 30 Abs. 1 DSGVO. Der für den Datenschutz Verantwortliche (s. hierzu bereits Kap. 1, Ziff. III) hat der Aufsichtsbehörde auf Anfrage zur Kontrolle der Verarbeitungsvorgänge das Verzeichnis vorzulegen. Im Übrigen ist es **nicht** **öffentlich**, d.h., es ist zwar der Behörde auf Anforderung auszuhändigen, aber nicht den betroffenen Personen.

Rechtsanwälte kritisieren die Vorlagepflicht scharf, denn sie konterkariert die – strafrechtlich bewehrte – anwaltliche Schweigepflicht (s. hierzu bereits Kap. 1, Ziff. I). Die Einsicht in das Verarbeitungsverzeichnis ermöglicht gleichzeitig Einblick in sensible Daten der Mandantschaft. Dies ändert nichts daran, dass die Vorlagepflicht zu beachten ist. Einzelfragen der Einsichtnahme wird die Rechtsprechung zu klären haben.

> Kritik seitens der Anwaltschaft

Das Verarbeitungsverzeichnis (bisher als „Verfahrensverzeichnis" nur für bestimmte Betriebe vorgesehen, § 4g BDSG a. F.) ist das Herzstück der Reform und steht im Zentrum der Dokumentationspflicht des Verantwortlichen, was seine Datenverarbeitung angeht. Es hat zwei Funktionen:

> Herzstück der Reform

1. Es dient der eigenen Qualitätskontrolle zur Sicherheit und Transparenz der Datenver-arbeitungsprozesse und

2. es dient a priori dem Nachweis gegenüber der Aufsichtsbehörde.

Nur ein richtig und vollständig ausgefülltes Verzeichnis ermöglicht die Kontrolle der Einhaltung der datenschutzrechtlichen Bestimmungen.

Merke:

Und genau deshalb steht zu befürchten, dass die Aufsichtsbehörde die Einhaltung dieser Verpflichtung überprüfen wird. Der Verantwortliche ist ebenso wie der Auftragsverarbeiter verpflichtet, auf entsprechende Anfrage der Aufsichtsbehörde mit dieser zusammenzuarbeiten. Sollte das Verzeichnis lückenhaft oder nicht vorhanden sein, droht gemäß Art. 83 Abs. 4 Buchst. a) DSGVO ein Bußgeld von bis zu 10 Mio. € oder bis zu 2 % des Jahresumsatzes.

Die Ausnahme ist keine!

Zwar sieht Art. 30 Abs. 5 DSGVO vor, dass **Unternehmen mit weniger als 250 Mitarbeitern** von den Rechenschaftspflichten **befreit** sein können, doch wird diese Ausnahme den allerwenigsten nützen, denn sie gilt bereits dann nicht, wenn die Verarbeitung personenbezogener Daten „nicht nur gelegentlich" erfolgt. Schon jede Anwaltskanzlei verarbeitet auf ihrer Webseite, in ihrer Anwaltssoftware oder im Kontakt mit ihrem Steuerberater ständig personenbezogene Daten, was das genaue Gegenteil von „nicht nur gelegentlich" ist. Selbst auf kleine Vereine ohne eigene Webseite wird diese Ausnahme kaum anzuwenden sein. Auch gilt diese Ausnahme nicht, wenn „besondere Datenkategorien" i.S.d. Art. 9 DSGVO verarbeitet werden, etwa Gesundheitsdaten oder solche, die die Herkunft oder Religion offenbaren. Sie entfällt also, wenn

- im Unternehmen auch nur ein Mitarbeiter Kirchensteuer abführt oder

- im Sportverein die Wettkampfpraxis etwa davon abhängt, ob ein Sportler muslimischen Glaubens ist.

Merke:

Auch ein Verein mit sieben Mitgliedern, der eine Webseite betreibt und bei „Facebook" aktiv ist, hat ein Verzeichnis von Verarbeitungstätigkeiten zu erstellen. **Es genügt, eine Mitgliederliste zu unterhalten.** Investieren Sie die Zeit, die Sie für die Begründung benötigen, warum Sie unter die Ausnahmeregelung fallen, lieber in die Erstellung des Verzeichnisses! Es hilft Ihnen, einen Überblick über die Datenprozesse in Ihrem Haus zu behalten und zu verstehen, warum Datenschutz **Sie** etwas angeht!

II. Wie setze ich das Verzeichnis von Verarbeitungstätigkeiten um?

Art. 30 DSGVO nennt eine ganze Reihe von Pflichtinhalten für das Verzeichnis, von dem der Verantwortliche sich aber nicht verwirren lassen sollte. Wie er das Verzeichnis aufbaut, ist seine Sache. Die Auflistung der einzelnen Tätigkeiten nehmen Sie aber bitte **unbedingt ernst!**

Pflichtinhalte des Art. 30 DSGVO

Beispiel:

Sie gilt etwa in Rechtsanwaltskanzleien uneingeschränkt für:

Beispiel „Rechtsanwaltskanzlei"

- die elektronische Anwaltsakte, soweit existierend;
- die Kanzleisoftware;
- Adressdatenbanken;
- die elektronische Verwaltung von Terminen;
- elektronische Personalakten und Buchhaltungsprogramme;
- das E-Mail-Programm;
- die Kanzlei-Webseite, auch in sozialen Netzwerken und natürlich auch für
- elektronische Diktier- und Spracherkennungsprogramme.

27

Vier Schritte

Sinnvoll ist folgender **vierstufiger Aufbau:**

1. Namen und Kontaktdaten des Unternehmens/des Vereins nebst Kontaktdaten der verantwortlichen Personen;

2. Ermitteln der Kategorien der Verarbeitungstätigkeiten nebst Zweck der Verarbeitung;

3. Zuordnung der einzelnen Tätigkeit zu einer

   - Betroffenenkategorie und einer

   - Datenkategorie;

4. Bezeichnung der technischen und organisatorischen Maßnahmen (TOM).

Diese vier Schritte wollen wir nachfolgend erläutern:

Schritt 1:
Allgemeine
Angaben

Schritt 1: Angaben zum Unternehmen/Verein und zur verantwortlichen Person

In einem ersten Schritt schreiben Sie Namen und Kontaktdaten Ihres Unternehmens/Vereins und der jeweiligen Ansprechpartner jeweils nebst Adresse und Kontaktdaten auf:

Angaben zum Unternehmen/Verein

- Name/Rechtsform des Unternehmens

- Adresse des Unternehmens

- Geschäftsführer/in

- Registergericht, Registernummer

- Kontaktdaten (Telefon, E-Mail)

Angaben zur verantwortlichen Person

- Zuständige Person für den Datenschutz

- Kontaktdaten (Telefon, E-Mail)

- ggf. Datenschutzbeauftragter

- Kontaktdaten (Telefon, E-Mail)

Schritt 2: Sammeln/Auflisten der einzelnen Verarbeitungstätigkeiten

Im zweiten Schritt spüren Sie, am besten mit sachkundiger Hilfe, sämtlichen datenschutzrelevanten Prozessen in Ihrer Einheit nach.

Schritt 2:
Kategorien der
Verarbeitungs-
tätigkeiten

Wo und bei welchen Tätigkeiten verarbeiten Sie persönliche Daten?

In diesem Schritt sammeln Sie die Kategorien der Verarbeitungstätigkeiten: Je Beschreibung einer Verarbeitungstätigkeit ist der **Verarbeitungszweck** zu dokumentieren. Beispiele für typische Verarbeitungstätigkeiten können sein:

Kategorien der Verarbeitungstätigkeiten (Beispiele)

1. Personalverwaltung:

    - Personalakten/-stammdaten

    - Lohn- und Gehaltsabrechnung

    - Arbeitszeiterfassung

    - Urlaubsplan

    - Bewerber

2. CRM:

    - Vertragsdaten

    - Bestellungen

    - Kundenbonität

    - Kaufverhalten

3. Einkauf

4. Finanzbuchhaltung

5. Terminsverwaltung

6. Kunden-/Mandanten-/Mitgliederverwaltung

7. Webseite

8. Fanseite Facebook

9. E-Mail-Management

10. mobile Kommunikation:

   • Nutzungsprotokollierungen IT/Internet/E-Mail;

   • Telefondatenerfassung;

11. Unternehmenssicherheit:

   • Eingangsüberwachung

   • Videoüberwachung

   • Firmenparkplatzverwaltung

   • Chipkarten

Schritt 3:
Kategorien
der Daten und
Betroffen

Schritt 3: Beschreibung der einzelnen Verarbeitungstätigkeiten

Hier müssen Sie nun tiefer einsteigen: Sowohl die Betroffenen als auch die Datenver-arbeitungsprozesse sind zu kategorisieren.

Kategorien Betroffener (Beispiele)

1. Mitarbeiter

2. Bewerber

3. Lieferanten

4. Kunden

5. Webseitenbesuche

Datenkategorien (Beispiele)

1. Kundendaten

   • Namen

   • Adressen

- Kontaktdaten
- Bestellungen
- Zahlungsart
- Bonität

2. Beschäftigtendaten:
   - Namen
   - Adressen
   - Lohngruppe
   - Steuerklasse
   - Kirchensteuer

3. Bewerberdaten:
   - Namen
   - Kontaktdaten
   - Eignung als Praktikant
   - Qualifikationen
   - Vormerkung für später

4. Nutzerdaten via Webseite:
   - Verwendete Software
   - IP-Adressen
   - Standort
   - Klickverhalten
   - Kaufverhalten

Dies sind nur **Beispiele,** die der Orientierung dienen sollen.

Muster: Verarbeitungstätigkeit

Erfassung der Beschäftigtenstammdaten eines Arbeitnehmers

So könnte das Verzeichnis der Verarbeitungstätigkeit am **Beispiel der Erfassung der Beschäftigtenstammdaten** eines Arbeitnehmers aussehen.

- **Bezeichnung der Verarbeitungstätigkeit:**
  Personalverwaltung

- **Zwecke der Verarbeitung:**
  Durchführung des Arbeitsvertrags; Erfüllung der vertraglichen Pflichten gegenüber dem Arbeitnehmer

- **Betroffene Personen:**
  Arbeitnehmer

- **Datenkategorien:**
  Adressdaten, Geburtsdatum, Bankverbindung, Steuerklasse
  Besondere Arten personenbezogener Daten nach Art. 9 DSGVO:
  Religionszugehörigkeit, AU

- **Rechtsgrundlagen der Verarbeitung:**
  Art. 88 DSGVO und § 26 BDSG

- **Datenempfänger:**
  Steuerberater

- **Einwilligung erteilt:**
  ja/nein/entfällt

- **Information des Betroffenen:**
  Hinweisblatt zur Datenschutzerklärung, ausgehändigt am: ...

- **Löschung vorgesehen am/zum:**
  zehn Jahre nach Ausscheiden des Betroffenen

- **Schutzmaßnahmen:**
  Siehe TOM-Beschreibung.

Schritt 4:
TOM-Verzeichnis

Schritt 4: Technische und organisatorische Maßnahmen (TOM)

Art. 32 DSGVO verpflichtet jedes Unternehmen zu Maßnahmen, die die Integrität und Vertraulichkeit der Datenverarbeitung gewährleisten. Was bedeutet dies in der Praxis? Folgende Maßnahmen sollten Sie mit Ihrem IT-Fachmann besprechen (Art. 32 Abs. 1 Buchst. a) bis d):

- die Pseudonymisierung und Verschlüsselung personenbezogener Daten;

- seine Befähigung, die Vertraulichkeit, Integrität, Verfügbarkeit und Belastbarkeit Ihrer IT im Zusammenhang mit der Verarbeitung auf Dauer sicherzustellen;

- seine Befähigung, die Verfügbarkeit der personenbezogenen Daten und den Zugang zu diesen bei einem physischen oder technischen Zwischenfall rasch wieder herzustellen, sowie

- ein Verfahren zur regelmäßigen Überprüfung, Bewertung und Evaluierung der Wirksamkeit der technischen und organisatorischen Maßnahmen zur Gewährleistung der Sicherheit der Verarbeitung.

Ziel soll sein, ein **TOM-Verzeichnis** zu erstellen, das die Maßnahmen dokumentiert, die Sie zur Datensicherheit ergriffen haben, um ein „**angemessenes Schutzniveau**" (Art. 32 Nr. 2 DSGVO) zu gewährleisten. Auf dieses kann dann im Rahmen des Verzeichnisses der Verarbeitungstätigkeiten verwiesen werden. Dies bedeutet nicht, etwa Betriebssystem und Software immer in neuester Version zu erwerben, aber die jeweils eingesetzte Software auf dem neuesten Stand zu halten. § 13 Abs. 7 TMG statuiert ähnliche Pflichten für den Anbieter von Telemedien.

Angemessenes
Schutzniveau

Für den Rechtsanwalt gilt seit Jahresbeginn 2018 § 2 Abs. 7 BORA, der da lautet:

Rechtsanwalt:
§ 2 Abs. 7 BORA

„*Die Verschwiegenheitspflicht gebietet es dem Rechtsanwalt, die zum Schutze des Mandatsgeheimnisses erforderlichen organisatorischen und technischen Maßnahmen zu ergreifen, die risikoadäquat und für den Anwaltsberuf zumutbar sind. Technische Maßnahmen sind hierzu ausreichend, soweit sie im Falle der Anwendbarkeit des Datenschutzrechts dessen*

Anforderungen entsprechen. Sonstige technische Maßnahmen müssen ebenfalls dem Stand der Technik entsprechen "

Merke:

Jeder Verantwortliche hat sich zu fragen:

- Wie funktioniert die Datensicherheit in meinem Unternehmen/Verein?

- Wer hat Zugriffsrechte auf die verfügbaren Daten? Sind dies ausschließlich Mitarbeiter, die die Daten bei ihrer täglichen Arbeit benötigen, oder ist unsere gesamte IT offen und steht jedermann zur Verfügung?

- Habe ich Schutzmaßnahmen zur Abwehr von Hackerangriffen, Trojanern und Viren getroffen?

- Wer ist bei mir dafür verantwortlich, die eingesetzte Software immer auf dem neuesten Stand zu halten?

Niemand erwartet, dass jeder Betroffene jederzeit den höchstmöglichen Sicherheitsstandard gewährleistet. Manchmal reicht Brain 2.0, um unnötige Risiken auszuschließen.

Folgende Checkliste diene der ersten Orientierung:

Technische und Organisatorische Maßnahmen
für Verantwortliche

Der Verantwortliche bestätigt, folgende Maßnahmen zur Einhaltung der Anforderungen an die Sicherheit der Datenverarbeitung ergriffen zu haben:

1. **Zugangskontrolle:** Videoüberwachung, Türsicherung, Sicherheitsschlösser, abschließbare Serverschränke, Alarmanlage, Schließsystem.

2. **Datenträgerkontrolle**: sichere Aufbewahrung, Verschlüsselung, ordnungsgemäße Vernichtung nach DIN 32757, Richtlinie an Mitarbeiter, keine Veränderungen vorzunehmen.

3. **Benutzerkontrolle:** Festlegung der Zugangsberechtigung, Authentifikation, Passwortvergabe, regelmäßige Kontrolle, Sperrung von Berechtigungen ausscheidender Mitarbeiter, Richtlinie zur Internetnutzung.

4. **Zugriffskontrolle**: Verwaltung durch Systemadministratoren, Nachvollziehbarkeit der Zugriffe, Festlegung differenzierter Berechtigungen in den IT-Systemen, Passwortrichtlinie inkl. Passwortlänge, Protokollierung von Zugriffen auf Anwendungen.

5. **Datenintegrität:** Erstellen eines Backupkonzepts, Antivirensoftware, Firewall und IDS, Erstellen eines Notfallplans.

6. **Transportkontrolle:** Verschlüsselung, Pseudonymisierung.

7. **Trennungskontrolle:** Richtlinie zur Trennung der DV unter Beachtung der Zweckbindung, keine Verwendung zu Werbezwecken etc.

8. **Mitarbeiterschulung**

_____   _____
Datum   Unterschrift Verantwortlicher

In Kapitel 5 werden wir uns ausführlich mit der Sicherheit der Datenverarbeitung beschäftigen.

III. Datenschutz-Folgenabschätzung

Erfordernis

Kurz sei auch noch darauf hingewiesen, dass Verantwortliche, die bei der Datenverarbeitung, insbesondere bei der Verwendung neuer Technologien, „voraussichtlich ein hohes Risiko für die Rechte und Freiheiten natürlicher Personen" riskieren, nach Art. 35 DSGVO eine sog. Datenschutz-Folgenabschätzung durchzuführen haben, v.a. wenn sie:

- **Profiling**, also die Erstellung von Profilen durch Sammlung von Daten sowie deren anschließende Analyse und Auswertung zum Zweck der Identifikation von Personen, als Grundlage für Entscheidungen einsetzen, die Betroffene erheblich beeinträchtigen;

- umfangreich **besonders geschützte Daten i.S.d. Art. 9 DSGVO** verarbeiten (also etwa zu Gesundheit, Sexualität und rassischer Herkunft) oder

- systematisch öffentlichen Raum überwachen.

Beispiel
„Datenbank mit Gesundheitsdaten"

Beispiel:

Angenommen, ein Verein für Osteoporosekranke unterhält eine umfängliche Datenbank von Mitgliedern, die er per E-Mail an Physiotherapeuten zwecks Durchführung gymnastischer Trainingsstunden übermittelt. In einem solchen Fall ist eine Datenschutz-Folgenabschätzung anzuraten, denn es handelt sich um Gesundheitsdaten.

- Dem Verein ist vorab der freundliche Rat zu erteilen, den E-Mail-Verkehr zu verschlüsseln.

- Was das Risiko eines unerlaubten Zugriffs auf die Datenbank angeht, wäre ein Bericht zu verfassen, der das Risiko benennt, die Eintrittswahrscheinlichkeit einschätzt und zum möglichen Schaden für Betroffene Stellung nimmt.

- Sodann wären die Schutzmaßnahmen (TOM) aufzuführen, die das Risiko möglichst ausschließen. Dies ist hier durch o.g. Maßnahmen möglich. Andernfalls müsste der Verein das Problem der zuständigen Datenschutzaufsichtsbehörde melden.

IV. Muster eines Verarbeitungsverzeichnisses für Verantwortliche

Abschließend möchten wir Ihnen ein ausführliches Muster für ein Verarbeitungsverzeichnis für Verantwortliche geben. Ein solches Muster ist für Sie von **besonderer Bedeutung**, da der Gesetzgeber in Art. 30 DSGVO vorschreibt, dass Verantwortliche ein Verzeichnis aller Verarbeitungtätigkeiten führen und dieses auf Anfrage auch der Aufsichtsbehörde zur Verfügung stellen müssen.

Wofür ist dieses Muster hilfreich? Zeit für ein bisschen Wiederholung des vorstehend hierzu Erläuterten. Bei dem von den Verantwortlichen zu führenden Verzeichnis der Verarbeitungtätigkeiten handelt es sich um eine **Dokumentation und Übersicht aller Verfahren**, bei denen personenbezogene Daten innerhalb und außerhalb Ihres Unternehmens durch Sie verarbeitet werden. Welche Informationen in dem Verarbeitungsverzeichnis aufzuführen sind, hat der Gesetzgeber in einem Katalog in Art. 30 Abs. 1 DSGVO normiert. Daran können Sie sich auch orientieren. Sollten Sie bereits über eine Verarbeitungsübersicht nach den alten Vorgaben des Bundesdatenschutzgesetzes verfügen, so können Sie diese als **Grundlage** für Ihr neues Verzeichnis heranziehen und aktualisieren.

Dokumentation und Übersicht aller Verfahren

Da Sie Rechenschaft über die von Ihnen vorgenommenen Verarbeitungtätigkeiten ablegen müssen, sollte die Erstellung eines solchen Verzeichnisses **oberste Priorität** für Sie haben. Auch kann Ihnen das Verzeichnis dabei helfen, sich einen Überblick über alle Ihre Datenverarbeitungsprozesse zu verschaffen und so besser planen zu können, welche Maßnahmen noch zu ergreifen sind.

Priorität!

Aufbau des Verzeichnisses

Der Aufbau des Verarbeitungsverzeichnisses folgt dem gesetzlichen Katalog des Art. 30 Abs. 1 DSGVO:

1. Stammdatenblatt mit allgemeinen Angaben zum Verantwortlichen,

2. Datenverarbeitungen und Datenverarbeitungszwecke,

3. detaillierte Angabe der einzelnen Datenverarbeitungszwecke,

4. technische und organisatorische Maßnahmen.

Konkret bedeutet dies, dass Sie innerhalb dieser einzelnen Punkte identifizieren müssen,

- woher die Daten in den jeweiligen Prozessen stammen,

- zu welchem Zweck sie verarbeitet werden,

- wer Zugriff darauf hat und

- an wen sie weitergegeben werden.

Zudem müssen Sie hier

- Name und Kontaktdaten des Verantwortlichen sowie

- eines ggf. bestellten Datenschutzbeauftragten

ebenso aufführen wie

- die Löschfristen der gespeicherten Daten,

- die von Ihnen ergriffenen technisch-organisatorischen Maßnahmen sowie

- eine etwaige Risikobewertung.

Außerdem sollten an dieser Stelle auch für alle Verarbeitungen von Daten Ihrer Mitarbeiter, Kunden, Bewerber, Geschäftspartner etc. die rechtlichen Erlaubnisnormen dokumentiert werden.

Tipp

Als (Unternehmens-)Leitung sollten Sie sich jedoch zunächst auf die **Prozessübersicht** selbst konzentrieren, da diese von essentieller Bedeutung ist und in allen anderen Punkten des Verzeichnisses auch eine Unterstützung durch einen Datenschutzbeauftragten oder eine Datenschutzkanzlei möglich ist.

Hinweis zum nachfolgenden Muster:

In diesem Muster haben wir Ihnen nun die gängigen Dokumentationsinhalte dargestellt, jedoch kann die Liste je nach Einzelfall z.B. um die Dokumentation der Einhaltung der Informationspflichten nach Art. 13 und 14 DSGVO oder eine Vereinbarung zur gemeinsamen Verantwortung gem. Art. 26 DSGVO erweitert werden. Dieses Muster ist somit **nicht abschließend** und bedarf der **Anpassung bzw. Erweiterung im konkreten Einzelfall**.

Muster: Verarbeitungsverzeichnis für Verantwortliche

I.   Stammdatenblatt

Beginnen Sie das Verzeichnis mit allgemeinen Informationen wie Namen und Kontaktdaten (E-Mail-Adresse, Telefonnummer) der für die Datenverarbeitung Verantwortlichen und ergänzen Sie je nach Gesellschaftsform auch den gesetzlichen Vertreter. Besteht die Pflicht zur Bestellung eines Datenschutzbeauftragten, so muss auch dieser im Verzeichnis aufgeführt werden. Dies gilt auch dann, wenn ein solcher freiwillig ernannt wird. In den Fällen, in denen der Verantwortliche nicht in der Europäischen Union niedergelassen ist, ist gem. Art. 27 Abs. 1 DSGVO ein Vertreter innerhalb der Europäischen Union zu benennen. Wer keinen Datenschutzbeauftragten hat und/oder seinen Sitz in der Europäischen Union hat, der muss an dieser Stelle nur die Daten zum Verantwortlichen in das Verzeichnis eintragen.

1. Name, Anschrift und Kontaktdaten des Verantwortlichen und ggf. des gesetzlichen Vertreters

2. Name, Anschrift und Kontaktdaten des Datenschutzbeauftragten

3. Name, Anschrift und Kontaktdaten des Vertreters des Verantwortlichen

II.   Datenverarbeitungen und Datenverarbeitungszwecke

An dieser Stelle sollten Sie allgemein beschreiben, welche Art der Datenverarbeitung in Ihrem Unternehmen erfolgt und zu welchem Zweck diese stattfindet. Der Begriff der Verarbeitung bezeichnet gem. Art. 4 Nr. 2 DSGVO „jeden mit oder ohne Hilfe automatisierter Verfahren ausgeführten Vorgang oder jede solche Vorgangsreihe im Zusammenhang mit personenbezogenen Daten wie das Erheben, das Erfassen, die Organisation, das Ordnen, die Speicherung, die Anpassung oder Veränderung, das Auslesen, das Abfragen, die Verwendung, die Offenlegung durch Übermittlung, Verbreitung oder eine andere Form der Bereitstellung, den Abgleich oder die Verknüpfung, die Einschränkung, das Löschen oder die Vernichtung". Dieser Definition entsprechend sollten Sie Ihre verschiedenen Verarbeitungsprozesse an dieser Stelle beschreiben. Gehen Sie dabei jedoch nicht zu kleinschrittig vor. So gibt es z.B. rechtliche Diskussionen darüber, ob die E-Mail-Verarbeitung als solche ein Verarbeitungsvorgang ist oder ob dieser in den Empfang und den Versand von E-Mails als getrennte Verarbeitungsvorgänge zu splitten ist. An dieser Stelle muss die künftige Rechtsprechungspraxis beachtet werden. Sofern Sie Daten auch an externe Dritte oder an Auftragsverarbeiter übermitteln, muss auch dies im Verarbeitungsverzeichnis dokumentiert werden.

1. Beschreibung der Datenverarbeitung

- z.B. E-Mail-Verarbeitung oder allgemeine Kundenverwaltung
- Benennung des verantwortlichen Ansprechpartners und dessen Kontaktierungsmöglichkeit
- Interner Status des Datenverarbeitungsvorhabens
- Art der Datenverarbeitung
- Ort der Datenverarbeitung

2. Zweck der Datenverarbeitung

Weiterhin sollten Sie den Zweck der einzelnen Datenverarbeitungsvorgänge erläutern. In manchen Fällen verfolgt ein Prozess jedoch auch mehrere Zwecke, weshalb dann mehrere Zweckbestimmungen anzugeben sind. Auch haben Sie die Möglichkeit, an dieser Stelle die Fälle zu dokumentieren, in denen es zu einem Wechsel des Zwecks gekommen ist, müssen dann aber auch die Begründung dafür aufführen.

- Beispiel für die Erläuterung von Datenverarbeitungszwecken:
  - Die E-Mail-Verarbeitung verfolgt den Zweck, elektronische Kommunikation innerhalb des Unternehmens und mit Dritten durchführen zu können.
  - Die allgemeine Kundenverwaltung verfolgt den Zweck, Aufträge von Kunden bearbeiten, die Buchhaltung durchführen und ggf. Inkassomaßnahmen treffen zu können.

3. Durchführung einer Datenschutz-Folgenabschätzung

In manchen Fällen sieht das Gesetz in Art. 35 DSGVO die Durchführung einer Datenschutz-Folgenabschätzung vor. Dies ist dann der Fall, wenn voraussichtlich ein hohes Risiko für die Rechte und Freiheiten natürlicher Personen besteht und daher eine Bewertung der möglichen Folgen bei Realisierung der Risiken Ihrer Verarbeitungstätigkeit erforderlich ist.

Trifft Sie eine solche Pflicht, so können Sie Angaben zur Datenschutz-Folgenabschätzung auch im Verzeichnis vermerken. Zwar sind Sie dazu nicht verpflichtet, dies bietet sich zu Nachweiszwecken jedoch durchaus an.

a) Datum der Datenschutz-Folgenabschätzung

b) Ergebnis

III. Detaillierte Angaben zu den einzelnen Datenverarbeitungen

Bei der Auswahl der aufgelisteten Prozesse sollten Sie sich immer in die Lage einer Aufsichtsperson der Datenschutzbehörde versetzen. Dieser muss es möglich sein, anhand des Verarbeitungsverzeichnisses einen vollständigen Einblick in die Prozesse Ihres Unternehmens zu erhalten. Letztlich werden in fast allen internen wie externen Prozessen Daten verarbeitet. Daher empfehlen wir, in diesem Teil des Verarbeitungsverzeichnisses Ihre unternehmerische Tätigkeit möglichst umfangreich abzubilden. Sie können dabei die folgenden Angaben für alle Datenverarbeitungszwecke separat verwenden, die Sie unter Gliederungspunkt „II. Datenverarbeitungen und Datenverarbeitungszwecke" verzeichnet haben.

1. Kategorien der betroffenen Personen

An dieser Stelle listen Sie bitte auf, welche Personengruppen von Ihren Datenverarbeitungsprozessen betroffen sind.

- Beispiele für betroffene Personenkategorien:
  - Mitarbeiter
  - Interessenten
  - Kunden
  - Geschäftspartner
  - Bewerber
  - etc.

2. Rechtliche Grundlage der Datenverarbeitung

Da im Datenschutzrecht der Grundsatz des Verbots mit Erlaubnisvorbehalt besteht, benötigen Sie für die Datenverarbeitung entweder die Einwilligung des Betroffenen oder eine gesetzliche Norm, die Ihnen die Datenverarbeitung auch ohne die Einwilligung des Betroffenen erlaubt. Zwar muss die Rechtsgrundlage nicht zwingend in das Verarbeitungsverzeichnis aufgenommen werden, jedoch bietet es sich auch an dieser Stelle an, das Verzeichnis zu Nachweiszwecken zu nutzen und so zu belegen, dass die Datenverarbeitung den gesetzlichen Vorgaben entsprechend erfolgt ist. Die gesetzlichen Grundlagen ergeben sich nicht nur aus der europäischen Datenschutz-Grundverordnung, sondern auch je nach Art der Datenverarbeitung aus anderen Gesetzen.

- Beispiele für gesetzliche Grundlagen einer Datenverarbeitung nach der Datenschutz-Grundverordnung:
  - Einwilligung des Betroffenen gem. Art. 6 Abs. 1 Buchst. a), Art. 7 DSGVO

- Einwilligung eines Kindes gem. Art. 6 Abs. 1 Buchst. a), Art. 8 DSGVO

- Verarbeitung zur Erfüllung eines Vertrags oder zur Durchführung vorvertraglicher Maßnahmen gem. Art. 6 Abs. 1 Buchst. b) DSGVO

- Erforderlichkeit der Verarbeitung von Daten zur Wahrung berechtigter Interessen des Verantwortlichen oder des Dritten gem. Art. 6 Abs. 1 Buchst. f) DSGVO

- Verarbeitung besonderer Kategorien personenbezogener Daten gem. Art. 9 DSGVO

- Verarbeitung personenbezogener Daten über strafrechtliche Verurteilungen und Straftaten gem. Art. 10 DSGVO

3. Einwilligungserklärungen

Erfolgt die Datenverarbeitung auf Basis einer Einwilligungserklärung, haben Sie an dieser Stelle die Möglichkeit, auch diese Vorgänge zu dokumentieren. Dies betrifft insbesondere Mitarbeiter, aber möglicherweise auch Kunden oder Geschäftspartner, die im Rahmen vertraglicher Vereinbarungen ihre Zustimmung in die Datenverarbeitung erteilt haben. Liegt eine solche Einwilligung vor, sollte hier niedergelegt werden, wer wann wie in welche Datenverarbeitung eingewilligt hat und ob die betroffene Person über ihr Widerrufsrecht belehrt wurde.

4. Kategorien der verarbeiteten Daten

An dieser ganz entscheidenden Stelle sollten Sie damit beginnen, alle Geschäftsprozesse, in denen personenbezogene Daten verarbeitet werden, in einer Excel-Tabelle aufzulisten. Soweit Ihnen eine feingliedrige Darstellung Ihrer Geschäftsprozesse möglich ist, empfehlen wir diese. Bei einem zu großzügigen Clustern der Geschäftsprozesse ist zu erwarten, dass dies nicht den Anforderungen der Datenschutzbehörden genügt.

In der Tabelle sollten Sie dann folgende Spalten anlegen/Daten vermerken:

- Spalte 1: Vermerken Sie zunächst ganz links die vorstehend unter Ziffer „III. 1 Kategorie der betroffenen Personen" genannten Personen wie Mitarbeiter, Kunden etc.

- Spalte 2: Links daneben notieren Sie die laufende Nummer dieser Personenkategorie.

- Spalte 3: In der dritten Spate tragen Sie dann die Kategorie der verarbeiteten Daten ein.

- evtl. Spalte 4: Sofern Sie besondere Kategorien personenbezogener Daten i. S. d. Art. 9 DSGVO verarbeiten, also sensible Daten wie z.B. rassische und ethnische Herkunft, politische Meinungen, genetische und biometrische Daten zur Identifizierung einer natürlichen Person, Gesundheitsdaten oder Daten mit einem Bezug zum Sexualleben oder zur sexuellen Orientierung, dann sollten Sie dies in Ihrer Tabelle gesondert vermerken.

- evtl. Spalte 5: Gleiches gilt für Daten in Bezug auf strafrechtliche Verurteilungen und Straftaten i. S. d. Art. 10 DSGVO.

- Spalte 6: Entscheidend ist auch, woher die Daten stammen – von dem Betroffenen selbst oder von einem Dritten.

- Spalte 7: Zuletzt können Sie dann vermerken, ob die Daten an weitere Personen übermittelt wurden. In Betracht kommt dabei einerseits eine interne Weitergabe an Personalabteilungen oder IT-Abteilungen und andererseits an Externe wie Banken, das Finanzamt oder Sozialversicherungsträger.

Kategorie der betroffenen Personen	Nr.	Kategorie der verarbeiteten Daten	Besondere Kategorien der verarbeiteten Daten i. S. d. Art. 9 DSGVO	Strafrechtlich relevante Daten i. S. d. Art. 10 DSGVO	Herkunft der Daten	
Mitarbeiter	1.					
	2.					
	3.					
	4.					
Interessenten	1.					
	2.					
	3.					
	4.					
Kunden	1.					
	2.					
	3.					
	4.					

Kategorie der betroffenen Personen	Nr.	Kategorie der verarbeiteten Daten	Besondere Kategorien der verarbeiteten Daten i.S.d. Art. 9 DSGVO	Strafrechtlich relevante Daten i.S.d. Art. 10 DSGVO	Herkunft der Daten	
Geschäftspartner	1.					
	2.					
	3.					
	4.					

- Beispiele für Kategorien der verarbeiteten Daten:
  - Anrede, Titel
  - Name, Vorname
  - Adressdaten
  - Geburtsdatum
  - Kontaktdaten
  - Lohn- und Gehaltsdaten
  - Sozialversicherungsdaten
  - Bankverbindungsdaten/Kreditkartendaten
  - Lebenslauf
  - Qualifikationsdaten
  - Vertragsdaten

5. Einsatz von Auftragsverarbeitern

Setzen Sie bei der Verarbeitung der Daten einen Auftragsverarbeiter i.S.d. Art. 28 DSGVO ein, so sind daran Rechenschaftspflichten geknüpft. Diese betreffen vor allem den Abschluss eines Auftragsverarbeitungsvertrags. Von besonderer Bedeutung ist auch der Standort der Datenverarbeitung, insbesondere im Hinblick auf eine Lokalisierung innerhalb der Europäischen Union oder in einem Drittstaat. Arbeiten Sie mit mehreren Auftragsverarbeitern zusammen, so können Sie die Liste beliebig verlängern.

Auftrags-verarbeiter	Abschluss des Auftrags-verarbeitungs-vertrags	Geeignetheit des Auftrags-verarbeiters	Standort der Verarbeitung

6. Übertragung von Daten an Externe in Drittstaaten und an internationale Organisationen

Eine Übermittlung von Daten an Dritte in Staaten außerhalb der Europäischen Union wird durch den Gesetzgeber nur unter bestimmten Voraussetzungen gestattet, da das Risiko eines Schadensfalls außerhalb der EU als deutlich erhöht angesehen wird. Aus diesem Grund hat der europäische Gesetzgeber in Art. 44 DSGVO die Bedingungen normiert, unter denen ein Datentransfer dennoch zulässig ist. Daher sollten Sie an dieser Stelle des Verzeichnisses die Einhaltung der gesetzlich vorgesehenen Vorkehrungsmaßnahmen zur Sicherstellung eines angemessenen Datenschutzniveaus dokumentieren.

Kategorie der betroffenen Personen	Nr.	Kategorie der verarbeiteten Daten	Besondere Kategorien der verarbeiteten Daten	Datenübermittlung in Drittstaat	Datenübermittlung an internationale Organisation	Art der Sicherstellung eines angemessenen Datenschutzniveaus

- Beispiele für die Sicherstellung eines angemessenen Datenschutzniveaus:
  - Angemessenheitsbeschluss der Europäischen Kommission gem. Art. 45 Abs. 3 DSGVO
  - Datenübermittlung vorbehaltlich geeigneter Garantien gem. Art. 46 DSGVO

- Verbindliche interne Datenschutzvorschriften (sog. Binding Corporate Rules) gem. Art. 46 Abs. 2 Buchst. b), Art. 47 DSGVO
- EU-Standardvertrag gem. Art. 46 Abs. 2 Buchst. c) DSGVO
- Vorliegen der Voraussetzungen für eine Ausnahme in bestimmten Fällen gem. Art. 49 Abs. 1 und Abs. 2 DSGVO

7. Löschungsfristen

In diesem Unterpunkt müssen Sie angeben, zu welchem Zeitpunkt die Daten zu löschen sind bzw. bis zu welchem Zeitpunkt sie noch aufzubewahren sind, wenn ein konkretes Löschungsdatum noch nicht absehbar ist. Ist eine Löschung bereits erfolgt, so kann auch dies in der Liste dokumentiert werden.

Kategorie der betroffenen Personen	Nr.	Aufbewahrungsfrist	Löschungsfrist	Datum der erfolgten Löschung
Mitarbeiter				
Bewerber				
Kunden				

IV.   Technische und organisatorische Maßnahmen

In diesem Teil des Verarbeitungsverzeichnisses erfolgt eine allgemeine Beschreibung der technischen und organisatorischen Maßnahmen, zu der Sie – wenn möglich – gem. Art. 30 Abs. 1 Buchst. g) DSGVO verpflichtet sind. Gemäß Art. 32 Abs. 1 DSGVO erwartet der europäische Gesetzgeber an dieser Stelle eine Darstellung der Maßnahmen, die Sie ergriffen haben oder zu ergreifen planen, um ein dem Risiko eines Datenschutzvorfalls angemessenes Schutzniveau zu gewährleisten. Dabei hat der Gesetzgeber normiert, welche Maßnahmen davon insbesondere umfasst sind, und daher von Ihnen zu

Orientierungszwecken verwendet werden können. Sofern sich die von Ihnen getroffenen Maßnahmen aus Datenschutzkonzepten bzw. Zertifizierungen ergeben, so können Sie darauf an dieser Stelle auch verweisen und müssen nur Abweichungen davon dokumentieren. Weiterhin müssen Sie auch bewerten, welches Restrisiko unter Berücksichtigung des Stands der Technik, der Implementierungskosten und der Art des Umfangs, der Umstände und des Zwecks der Datenverarbeitung auch nach den getroffenen technischen und organisatorischen Maßnahmen noch für die Rechte und Freiheiten natürlicher Personen besteht.

1. Beschreibung der technischen und organisatorischen Maßnahmen

   a) Dauerhafte Sicherstellung der Vertraulichkeit der Systeme und Dienste im Zusammenhang mit der Verarbeitung

   b) Dauerhafte Sicherstellung der Integrität der Systeme und Dienste im Zusammenhang mit der Verarbeitung

   c) Dauerhafte Sicherstellung der Verfügbarkeit und Belastbarkeit der Systeme und Dienste im Zusammenhang mit der Verarbeitung

   d) Pseudonymisierung und Verschlüsselung personenbezogener Daten

   e) Wiederherstellung der Verfügbarkeit der personenbezogenen Daten und des Zugangs zu diesen im Fall eines physischen oder technischen Zwischenfalls

   f) Maßnahmen zur regelmäßigen Überprüfung, Bewertung und Evaluierung der Wirksamkeit der technischen und organisatorischen Maßnahmen zur Gewährleistung der Sicherheit der Verarbeitung

2. Dokumentation des Restrisikos unter Berücksichtigung der getroffenen technischen und organisatorischen Maßnahmen

V.   Prüfung durch den Datenschutzbeauftragten

Sofern Sie einen Datenschutzbeauftragten haben, sollten Sie auch dokumentieren, ob eine Prüfung der Rechtmäßigkeit der Datenverarbeitungsvorgänge durch den Datenschutzbeauftragten erfolgt ist, ob sich daraus ggf. Handlungsbedarf ergeben hat und wenn ja, wie dieser konkret aussieht. Auch sollte das

Datum der Prüfung durch den Datenschutzbeauftragten genannt werden. Hat eine solche Prüfung noch nicht stattgefunden, so können Sie an dieser Stelle auch vermerken, für wann eine solche geplant ist.

VI.   Kontrolle durch die Geschäftsführung des Unternehmens

An dieser Stelle sollten Sie nun vermerken, ob eine Prüfung durch die Geschäftsführung des Unternehmens erfolgt ist. Auch sollte das Verzeichnis mit Datum und Unterschrift versehen werden.

_____   _____

Ort, Datum   Unterschrift der Geschäftsführung

Kapitel 3: Welche Daten dürfen Sie verarbeiten?

I. Grundsätze für die Verarbeitung personenbezogener Daten

Wir haben schon in Kapitel 1 drei zentrale Begriffe kennengelernt, die Sie beherrschen müssen, wollen Sie ihre datenschutzrechtlichen Pflichten ernst nehmen.

Diese wollen wir uns hier einmal etwas näher ansehen.

Ihre Pflichten beginnen, wo Sie „**personenbezogene Daten**" verarbeiten. Was ist darunter zu verstehen?

Personenbezogene Daten sind alle Informationen, die sich auf eine **identifizierte** oder **identifizierbare** natürliche Person beziehen. **Identifizierbar** wird eine natürliche Person durch Angaben, die ihr zugeordnet werden können, ohne dass sie nur ihr zugeordnet werden können. Ein Datum ist personenbezogen, wenn mit seiner Hilfe die Person identifiziert werden könnte.

Definition „personenbezogene Daten"

Beispiel:

* Der Name, das Geburtsdatum oder die Mobilfunknummer genügt, eine Person direkt zu identifizieren.

* Die IP-Adresse, Werbecookies, der Beruf, der Gesundheitszustand sind Daten, die eine Person identifizierbar machen. Beides genügt, um u]nter das Gesetz zu fallen.

Beispiel „personenbezogene Daten"

> **Tipp:**
> Versuchen Sie, mit dieser Definition zu arbeiten und widerstehen Sie der Verlockung, sich die amtliche Definition aus Art. 4 Nr. 1 DSGVO anzueignen. Der Begriff „identifizierbar" ist zudem sehr **weit auszulegen**.

Was zählt zu den personenbezogenen Daten?

Zu den personenbezogenen Daten zählen allgemein:

* Name

* Adresse

* Geburtsdatum

* Telefonnummer

* Familienstand

* Familienstand

* Staatsangehörigkeit

* Pseudonyme

* Beruf

* Ausweisnummer

* Erscheinungsbild

* Darstellungen in Bild und Werbecookie Ton

* Gesundheitszustand

* Feste (statische) IP-Adresse

* Politische oder religiöse, Überzeugung

* eine den Inhaber benennende E-Mail-Adresse

Eine **IP-Adresse** ist ohne weiteres personenbezogen: Auf Anordnung eines Gerichts im Wege des § 101 UrhG wird der Internet-Provider in Filesharing-Sachen gerne in Anspruch genommen, den Anschlussinhaber zu nennen, der hinter der ermittelten IP-Adresse steht. **Cookies**, also kleine Textdateien, die die Webseite, die der Nutzer besucht, auf seinem Rechner ablegt, um das Wiedersehen zu erleichtern, sind auch personenbezogene Daten: Sie ermöglichen die Identifikation des Rechners, was ausreicht, um eine Zuordnung zu ermöglichen.

Verarbeitung

Der zweite Begriff, den wir oben in Kapitel 1 schon definiert haben, ist die Verarbeitung. Wir haben gesehen, dass die alles umfasst, was mit den personenbezogenen Daten geschieht.

Wer personenbezogene Daten verarbeitet, steht vor dem Problem, dass dieses immer eine gesetzliche Grundlage voraussetzt. Anders als sonst im liberalen Rechtsstaat gilt hier, dass alles verboten ist, was nicht ausnahmsweise erlaubt ist, sogenanntes **Verbot mit Erlaubnisvorbehalt**.

Eine Datenverarbeitung ist daher in genau zwei Fällen zulässig:

1. Es gibt eine gesetzliche Grundlage hierfür oder

2. der Betroffene hat seine Einwilligung hierzu erteilt.

Verbot mit Erlaubnisvorbehalt

II. Gesetzliche Ermächtigung

Hier ergeben sich im Wesentlichen drei Fälle (der Fall des Art. 6 Abs. 1 Buchst. d) DSGVO – „um lebenswichtige Interessen zu schützen" – wird Ihnen eher selten unterkommen), in denen das Gesetz die Verarbeitung erlaubt:

Drei Fälle gesetzlicher Ermächtigung

Fall 1: Vertragserfüllung

Wie bisher dürfen personenbezogene Daten verarbeitet werden, wenn dies zur Erfüllung eines Vertrags notwendig ist. Wer im Internet Ware bestellt, kann sich nicht mit datenschutzrechtlichen Bedenken herausreden, dem Verkäufer seinen Namen, seine Adressdaten und seine Bankverbindung zu nennen, was ja auch ziemlicher Blödsinn wäre. Diese darf der Verkäufer dann verarbeiten, Art. 6 Abs. 1 Buchst. b) DSGVO. Dies gilt sinnigerweise auch schon in der vorvertraglichen Stage und die Weitergabe der Informationen an das Transportunternehmen. Schließlich möchte der Betroffene seine Ware ja auch tatsächlich erhalten.

Fall 2: Gesetzliche Verpflichtung

Auf diese Erlaubnisnorm kann sich berufen, wen Gesetze zur Verarbeitung personenbezogener Daten zwingen, Art. 6 Abs. 1 Buchst. c) DSGVO. Beispiel: die Pflicht aus § 14b UStG, Rechnungen zwei oder zehn Jahre lang aufzubewahren.

Fall 3: Wahrnehmung berechtigter Interessen

Personenbezogener Daten dürfen schließlich auch „zur Wahrung berechtigter Interessen" des Verantwortlichen verarbeitet werden, „sofern nicht die Interessen der betroffenen Person überwiegen ", Art. 6 Abs. 1 Buchst. f) DSGVO.

Güterabwägung

Hier ist also eine **Güterabwägung** zu treffen, die die ganze Angelegenheit äußerst unberechenbar macht. Einerseits sind auch wirtschaftliche Interessen berechtigte Interessen im Sinne dieser Norm. Deshalb stützen sich gerade aus der Werbewirtschaft die meisten Datenverarbeitungen auf diesen (vermeintlichen) Erlaubnistatbestand. Andererseits haben wir in Kap. 1 schon einen Fall kennengelernt, der die Schutzinteressen des Betroffenen überwiegen lässt.

> **Tipp:**
>
> Nach Erwägungsgrund 47 kann die Verarbeitung personenbezogener Daten zum Zwecke der **Direktwerbung** grundsätzlich im Wege der Interessenabwägung gerechtfertigt sein. Die Notwendigkeit einer entsprechenden **Einwilligung** soll nach dem Willen des Unionsgesetzgebers in vielen Fällen unnötig sein.

E-Mail-Marketing

Um es an dieser Stelle klarzustellen: Das Direktmarketing per E-Mail hat **ohne ausdrückliche Einwilligung des Empfängers** absolut zu unterbleiben. Dies gilt im unternehmerischen Verkehr weiterhin aus § 7 Abs. 2 Nr. 3 UWG, Private können sich bekanntlich entsprechend wegen Verletzung ihres allgemeinen Persönlichkeitsrechts wehren. In den hier angesprochenen Fällen geht es um Maßnahmen zur Vorbereitung der werblichen Ansprache.

Erwägungsgrund 47

Bei der Interessenabwägung spielt Erwägungsgrund 47 eine wichtige Rolle. Dieser legt fest:

- Die „vernünftigen Erwartungen der betroffenen Person" sind zu berücksichtigen;

- besteht bereits eine (Kunden-)Beziehung zwischen den Parteien, spricht dies zunächst einmal für ein berechtigtes Interesse,

- erst recht, wenn der Kunde „vernünftigerweise absehen kann, dass möglicherweise eine Verarbeitung für diesen Zweck erfolgen wird", wobei

- dies auch umgekehrt gilt.

- Schutzwürdige Interessen Minderjähriger oder Arbeitnehmer sind i.d.R. höher zu gewichten.

Je weniger der Nutzer in seinen schutzwürdigen Interessen beeinträchtigt wird – so bei für ihn relevanter Werbung, bei verständlicher Belehrung der **opt-out-Möglichkeiten** (d.h. der Möglichkeit, Werbung jederzeit abzubestellen) – etc., desto eher wird das Pendel zugunsten des Verantwortlichen ausschlagen. Bedient dieser sich hingegen ausgefeilter Profilingmethoden oder verarbeitet er besonders geschützte Daten, werden die schutzwürdigen Interessen des Betroffenen höher zu bewerten sein. Schließlich spielt die **strukturelle Vertragsdisparität**, die Generationen von Juristen kennen- und lieben gelernt haben, auch hier eine nicht zu unterschätzende Rolle:

Abwägungskriterien

- Minderjährige und

- Beschäftigte

sind strukturell unterlegen, so dass an ihre schutzwürdigen Interessen besonders hohe Maßstäbe anzulegen sind.

III. Einwilligung – so gehts

Wer dem zu erwartenden Ärger über die Frage, ob der Verantwortliche nun für die Verarbeitung ein berechtigtes Interesse hat(te) oder nicht, von vornherein aus dem Weg gehen will, sollte sich eine Einwilligung des Betroffenen einholen.

Im Zweifel Einwilligung einholen

Von der Einwilligung müssen Sie zunächst Folgendes wissen: Einwilligungen können schriftlich, eclektronisch, münd-

**Im Zweifel
schriftlich**

lich, sogar durch schlüssiges Verhalten erteilt werden. Dies ändert die DSGVO nicht. Nur: Sie müssen nach Art. 7 Abs. 1 DSGVO nachweisen, dass der Betroffene eingewilligt hat und Sie diesem die nötigen Informationen erteilt haben. Jeder Zweifel geht zu Ihren Lasten. Im Zweifel also bitte schriftlich. Online erteilte Einwilligungen sind konkret zu protokollieren und per Double-Opt-In zu bestätigen.

> **Tipp:**
>
> Art. 6 DSGVO spricht zunächst die Einwilligung an, dann die gesetzlichen Ermächtigungen für eine Datenverarbeitung. Wir empfehlen die umgekehrte Vorgehensweise: Prüfen Sie zunächst, ob eine gesetzliche Ermächtigung in Betracht kommt, und falls nein, holen Sie sich eine Einwilligung ein.

Die **Freiwilligkeit** der Einwilligung setzt **Wahlfreiheit** und die **Abwesenheit von Druck oder Zwang** voraus. Dies umfasst das Inaussichtstellen direkter Nachteile, aber auch das Entgehen von Vorteilen. Auch hier sind besonders Minderjährige und Beschäftigte im Fokus: Wettbewerbsrechtlich mag es etwa nicht unlauter sein, eine Rabattaktion oder ein Gewinnspiel „nur heute" mit besonderen Vorteilen zu versehen. Datenschutzrechtlich dürfte ein übertriebener Lockeffekt der Freiwilligkeit der Registrierung zumindest Minderjähriger entgegenstehen.

Minderjährige

Neu ist: Minderjährige dürfen erst ab einem Alter von 16 Jahren wirksam einwilligen, soweit „**Dienste der Informationsgesellschaft**" angeboten werden. In diesen Fällen müssen dies die gesetzlichen Vertreter tun. Eine nachträgliche Genehmigung genügt **nicht**.

**Definition
„Dienste"**

Jeden Leser, der Kinder hat, könnte dies betreffen, deshalb sei dies kurz erläutert: Solche „Dienste" sind in Art. 4 Nr. 25 DSGVO definiert und dieser verweist auf die EU-Richtlinie 2015/1535 vom 09.09.2015. „Dienste der Informationsgesellschaft" in unserem Sinne haben demnach vier wesentliche Merkmale. Dieser wird:

1. im Fernabsatz

2. auf den individuellen Abruf des Empfängers hin

3. einem Kind direkt und

4. i. d. R. gegen Entgelt angeboten.

Dating-Apps oder Netzwerke speziell für Erwachsene werden daher **nicht** umfasst. Auf Dienste, die sich zumindest auch an Kinder richten, etwa Facebook, soll die Vorschrift aber anwendbar sein.

Das bedeutet ganz einfach:

Was folgt hieraus?

1. Nutzt ein Minderjähriger Dienste der vorgenannten Art, kann er nur einwilligen, wenn er das 16. Lebensjahr vollendet hat oder die Eltern vorher zugestimmt haben;

2. nutzt ein Minderjähriger Dienste, die nicht unter diese Definition fallen, kann er selber einwilligen;

3. im Übrigen kann die Verarbeitung immer noch zur Vertragserfüllung oder „berechtigten Interessen" nach dem Auffangtatbestand des Art. 6 Abs. 1 Buchst. f) DSGVO dienen, wobei im Normalfall der Nr. (1) die schutzwürdigen Interessen des Kindes überwiegen werden.

Der Beschäftigtendatenschutz ist in Kap. 5 erläutert. An dieser Stelle ist darauf hinzuweisen, dass bei Verarbeitung der Daten von Arbeitnehmern, Praktikanten und Bewerbern die Frage der Freiwilligkeit immer zu hinterfragen ist und nach § 26 Abs. 2 Satz 2 BDSG dann vorliegen kann, wenn

Arbeitnehmer

• der Beschäftigte einen rechtlichen oder wirtschaftlichen Vorteil erlangt oder

• Arbeitgeber wie Beschäftigter gleichgelagerte Interessen verfolgen.

Der Gesetzgeber unterstellt diesem Personenkreis, aus Angst vor Jobverlust nicht aus freien Stücken entscheiden zu können und stellt die „Freiwilligkeit" der Einwilligung des Beschäftigten **zur freien Überprüfbarkeit**. Die Einwilligung bedarf in diesen Fällen immer der **Schriftform**.

Was könnte dies bedeuten?

Kopplungs-verbot

Anzusprechen ist noch eine weitere Neuerung, die die DSGVO bringt: Die Beurteilung, ob die Einwilligung freiwillig erteilt wurde oder nicht, muss künftig „in größtmöglichem Umfang" (!) danach beurteilt werden, ob ein Vertragspartner seine Leistung von einer dafür nicht erforderlichen Einwilligung abhängig macht, sogenanntes **Koppelungsverbot** des Art. 7 Abs. 4 DSGVO. Was dies in der Praxis bedeutet, ist noch völlig obskur, denn es läuft erneut auf eine **Güterabwägung** hinaus. Bedeuten könnte es:

1. **Verboten ist**: „Kaufen Sie in meinem Onlineshop nur, wenn ich Ihnen nach dem Kauf per E-Mail weitere Angebote machen darf."

2. **Verboten könnte sein**: „Laden Sie mein Whitepaper zur subjektiven Dialekt Wilhelm Reichs biophysikalischer Orgontherapie herunter, doch zuvor müssen Sie meinen Newsletter abonnieren."

3. **Verboten könnte auch sein**: „Registrieren Sie sich auf einer Webseite, um kostenfrei diese und jene Vorlage herunterladen zu können. Hierbei müssen Sie aber der Verarbeitung Ihrer angegebenen Daten zu Werbezwecken einwilligen."

Dürfen Sie in diesem Fall die Daten gar nicht zu Werbezwecken verarbeiten? Wiederum ist zu prüfen, ob „berechtigte Interessen" i.S.d. Art. 6 Abs. 1 Buchst. f) DSGVO vorliegen.

Nutzer, die eine wirksame Einwilligung erteilen, müssen wissen, dass sie die Einwilligung jederzeit und Angabe eines Grunds widerrufen können. Den Hinweis zum **Widerruf** nehmen Sie in Ihre Datenschutzerklärung auf.

Sie müssen den Nutzer verständlich und vollständig darüber informieren,

- wie und welche Daten Sie erheben;

- zu welchem Zweck ihre Daten verarbeitet werden;

- ob Sie Daten an Dritte weitergeben und

- wann sie gelöscht werden.

Ordnungsgemäße Belehrung

Der Nutzer hat seine Einwilligung **unmissverständlich** zu erklären. Schweigen oder Untätigkeit führen nicht zu einer wirksamen Einwilligung. Sie ist eindeutig zu erklären. Opt-Out-Lösungen genügen ebenso wenig wie vorangehakte Kontrollkästchen auf der Webseite zum Einverständnis des Newsletterbezugs.

Unmissverständliche Erklärung

Tipp:

Die Belehrung könnte lauten:

„Mit dem Ankreuzen des Kontrollkästchens und dem danach erfolgenden Absenden des Formulars erhalten Sie eine E-Mail an das von Ihnen angegebene Postfach mit einem Link, den Sie bitte anklicken. Mit diesem Anklicken erklären Sie sich mit der erteilten Einwilligung zu einverstanden."

Der Verantwortliche sollte den Nachweis der Abgabe der Einwilligung dokumentieren.

Checkliste: Dokumentation der Einwilligung

Einwilligung?	Anm.
1. Einwilligung überhaupt erforderlich oder habe ich eine gesetzliche Ermächtigung?	
2. Einwilligung **zulässig**? Minderjährige erst ab 16 ohne gesetzl. Vertreter?	
3. Einwilligung **für einen bestimmten Zweck** erteilt?	
4. Einwilligung **freiwillig** abgegeben? Beschäftigte ohne Zwang und Druck?	
5. **Koppelungsverbot** beachtet?	
6. Ordnungsgemäß **belehrt**?	
7. Einwilligung **unmissverständlich** und **nachweislich erklärt**?	

Besonders geschützte Daten

Zur Verarbeitung besonderer Kategorien personenbezogener Daten nach Art. 9 DSGVO, also insbesondere Angaben zur

- rassischen oder ethnischen Herkunft;
- politischen Meinung;
- religiösen Überzeugung;
- Gesundheit oder
- Sexualität,

sollten Sie immer eine gesonderte Einwilligung des Betroffenen einholen, es sei denn,

- Sie sind Arzt oder fördern als gemeinnütziger Verein die Gesundheit;
- der Betroffene hat sie selber öffentlich gemacht;

- Sie bedürfen als Arbeitgeber der Erlaubnis, um arbeits- oder sozialrechtlicher Pflichten nachkommen zu können;

- Sie bedürfen der Erlaubnis, um Rechtsansprüche geltend zu machen oder abzuwehren, oder

- die Verarbeitung dient dem Schutz lebenswichtiger Interessen des Betroffenen.

Was geschieht mit Einwilligungen, die vor dem 25.05.2018 erteilt wurden?

Hat der Betroffene nach § 4a BDSG a.F. zu einem Datenverarbeitungsvorgang rechtmäßig seine Einwilligung erteilt, bleibt diese wirksam. Denn der Betroffene hat so dem Verantwortlichen das Recht erteilt, Daten für einen bestimmten Zweck zu verarbeiten. Das Inkrafttreten der DSGVO lässt diesen Vorgang unberührt. Nach Erwägungsgrund 171 Satz 3 DSGVO ist es daher nicht erforderlich, dass der Betroffene eine erneute Einwilligung erteilt.

Alteinwilligungen

IV. Rechtmäßige Weitergabe: So gehts

Auch die Weitergabe von Daten ist Datenverarbeitung, klar. Die Anwaltssoftware kommt regelmäßig nicht ohne externe Wartung aus. Immer häufiger nutzen Anwälte und Unternehmer externe Zahlungsdienste oder die Cloud. Auf den Mandanten ausgestellte Rechnungen schicke ich direkt an den Rechtsschutzversicherer usw. All das sind erlaubnispflichtige Tätigkeiten, die den gleichen Regeln folgen wie zuvor erörtert. Das heißt:

Weitergabe folgt den gleichen Regeln

- Die Weitergabe kann der Vertragserfüllung oder

- berechtigten Interesse des Verantwortlichen dienen oder

- auf einer Einwilligung beruhen.

Wir verweisen auf obige Ausführungen.

**Checkliste: Erlaubnis der Weitergabe personen-
bezogener Daten an Dritte**

Erlaubnis zur Datenweitergabe?	Anm.
Haben Dritte die zumindest theoretische Möglichkeit der Kenntnisnahme personenbezogener Daten? Falls nein: kein Problem; falls ja (wie fast immer): ...	
Hat der Betroffene eingewilligt? Falls ja, und er ist ordnungsgemäß belehrt, ist die Weitergabe zulässig. Falls nein: ...	
Ist die Weitergabe für die Vertragserfüllung erforderlich oder entspricht den berechtigten Interessen des Verantwortlichen? Falls ja, ist die Weitergabe zulässig. Falls nein: ...	
Liegt eine Auftragsverarbeitung (siehe hierzu sogleich) vor und liegt ein wirksamer Auftragsverarbeitungsvertrag vor? Wenn nein, dann ist sie unzulässig. ... Wenn ja, ist sie zulässig, so die Verarbeitung in der EU erfolgt. Andernfalls bedarf es eines anerkannt vergleichbaren Schutzniveaus.	

V. Auftragsverarbeitung

Ein spezieller Fall der Datenweitergabe, und wohl auch der häufigste, ist die **Datenverarbeitung im Auftrag.** Hierbei beauftragt ein Unternehmen ein anderes, personenbezogene Daten in seinem Auftrag zu verarbeiten.

Grundsätze

- Externe Dienstleister warten die IT, bringen per Fernwartung die Software auf den neuesten Stand, besorgen die Datensicherung oder erledigen die FiBu und Steuern.

- Nicht zuletzt besorgen unscheinbare Apps wie Google Analytics Analysen der Webseite oder übernehmen sogar das Zahlungsmanagement.

Für alle diese Fälle der Auftragsverarbeitung, mit **Ausnahme des Steuerberaters, der selber Verantwortlicher ist,** sieht das Gesetz vor, dass Sie mit Ihrem Auftragnehmer einen Vertrag zur Auftragsverarbeitung zu schließen haben, Art. 28 Nr. 3 Satz 1 DSGVO.

Ausnahme: Steuerberater

Tipp:

Gewöhnen Sie sich als Verantwortlicher ruhig an, eine Liste Ihrer Auftragsverarbeiter, wie

- Webhoster,

- IT-Betreuer,

- Cloud-Dienstleister,

- Softwarehersteller

- etc.,

zu erstellen und diese um **Zusendung eines Vertrags zur Auftragsverarbeitung** zu bitten. Antwortet dieser nicht binnen zwei Wochen oder hat kein Vertragsformular vorrätig, senden Sie ihm eines zu!

Gesetzliche Vorgaben

In dem zu schließenden Auftragsverarbeitungsvertrag hat sich Ihr Auftragnehmer zu verpflichten, Daten nur dem Auftrag entsprechend und nach Weisung zu verarbeiten. Er verpflichtet sich ferner zu Vertraulichkeit und Einhaltung der Anforderungen der DSGVO und Garantie der Sicherheitsstandards (TOM) und sichert Ihnen umfassende Kontrollrechte bis zu Kontrollen vor Ort ohne Ankündigung zu. Er muss ferner vorsehen, was nach Abschluss der Auftragsvereinbarung mit den Daten geschieht. Ist dies der Fall, gilt er als hinreichende Risikominimierung einer unbefugten Datennutzung für die Betroffenen und ermächtigt zur Verarbeitung personenbezogener Daten.

Der Vertrag kann **elektronisch** geschlossen werden, Art. 28 Nr. 9 DSGVO.

 Checkliste – Wesentliche Inhalte eines Auftragsverarbeitungsvertrags

Was gehört in den Auftragsverarbeitungsvertrag?	Anm.
1. Angaben der Vertragsparteien;	
2. Angabe der Kategorien der verarbeiteten Daten (z.B. Namen, Adressen, Bankverbindung);	
3. Kategorien der betroffenen Personen (z.B. Beschäftigte, Mandanten, Kunden, Werbezielgruppe);	
4. Zweck der Verarbeitung (z.B. Durchführung der Vertragspflichten);	
5. Mindestinhalte: • Vertragliche Verpflichtungen zur Befolgung von Weisungen, Genehmigung von (auch unangekündigten) Kontrollen, Beauftragung von Subunternehmern nur mit Zustimmung;	

Was gehört in den Auftragsverarbeitungsvertrag?	Anm.
• technisch-organisatorische Schutzmaßnahmen und DSGVO-Garantien;	
• im Fall der Beauftragung eines weiteren Auftragsverarbeiters (z.B. Sie beauftragen eine Werbeagentur mit elektronischen Werbemaßnahmen, die ein Dritter durchführen soll) Verpflichtung zum Vertragsschluss mit dem Dritten analog dieser Vereinbarung;	
• Vertragsdauer und Regelung zur Vertragsbeendigung.	

Geben Sie es ruhig zu: Am meisten besorgt Sie bei dieser Frage, ob Ihre Auftragsverarbeiter ihre Server in der EU oder, wie Google, so Sie auf Ihrer Webseite Analytics einsetzen, in den USA stehen haben. Was ist in einem solchen Fall zu tun? Ganz einfach: laden Sie hier

https://www.google.de/analytics/terms/de.pdf

das Vertragsmuster herunter und folgen Sie den dort beschriebenen Schritten. Mittlerweile stellen alle sozialen Netzwerke entsprechende Muster zur Verfügung.

Im Übrigen sehen Art. 45, 46 und 49 DSGVO folgende Schritte vor:

1. Die EU-Kommission stellt per Beschluss fest, dass ein bestimmtes Land ein angemessenes Schutzniveau bietet;

2. besteht ein solches nicht, müssen seitens des Auftragnehmers geeignete Garantien wie Teilnahme an genehmigten Zertifizierungsverfahren vorgelegt werden;

3. gibt es weder das eine noch das andere, kann die betroffene Person ausdrücklich und bei qualifizierter Belehrung

Dienste mit Server in den USA, z. B. Google

Datenübermittlung in Drittländer

einwilligen oder die Datenübermittlung ist zur Vertrags-erfüllung oder Verfolgung/Abwehr von Rechtsansprüchen erforderlich. Letzteres könnte interessieren, wer erwägt, in den USA einer der zahllosen Sammelklagen gegen VW, Audi etc. beizutreten.

VI. Muster für eine Auftragsverarbeitung

Abschließend möchten wir Ihnen ein ausführliches Muster für eine Auftragsverarbeitung geben. Wofür ist dieses Muster hilfreich? Zeit für ein bisschen Wiederholung des in diesem dritten Kapitel Erläuterten.

Outsourcing von Arbeits-prozessen

Das **Outsourcing von Arbeitsprozessen** und damit auch von Datenverarbeitungen prägt heute in weiten Teilen das All-tagsgeschehen in fast allen Unternehmen. Aus Kosten- oder Know-how-Gründen werden immer mehr einzelne Prozesse und teilweise auch ganze Aufgabenbereiche auf externe Dienstleister ausgelagert, z.B. auf Callcenter zur Kundenbe-treuung, externe Agenturen zur Durchführung von Marketing-aktionen oder externe Lohnbuchhaltungen.

Insbesondere im IT-Bereich nimmt die **Auftragsverarbeitung** beispielsweise durch Einschaltung externer Wartungsdienst-leister und Rechenzentren sowie durch die wachsende Nut-zung von Cloud-Services rasant zu. Die stetig wachsende Bedeutung externer Auftragsverarbeitungen und das damit verbundene Risiko für Betroffene haben nun dazu geführt, dass die Gesetzgeber in der europäischen Datenschutz-Grund-verordnung (DSGVO) ebenso wie im neuen Bundesdaten-schutzgesetz eine Vielzahl der Regelungen zur Auftragsver-arbeitung reformiert haben.

Wer externe Dienstleister mit der Verarbeitung von perso-nenbezogenen Daten beauftragt, der **steht nun in besonderem Maß im Fokus des Datenschutzrechts** und muss zahlreiche Anforderungen erfüllen. Diese sind in Art. 28 DSGVO gere-gelt und nehmen neben dem **Verantwortlichen auch den Auf-tragsverarbeiter** in die Pflicht.

Gemäß der gesetzlichen Definition des Art. 4 Nr. 8 DSGVO ist ein *„„Auftragsverarbeiter? eine natürliche oder juristische Person, Behörde, Einrichtung oder andere Stelle, die personenbezogene Daten im Auftrag des Verantwortlichen verarbeitet"*. Dabei ist von besonderer Bedeutung, dass

• die Verarbeitung gem. Art. 28 Abs. 3 DSGVO auf Grundlage eines Vertrags erfolgen muss und

• darin Gegenstand und Dauer der Verarbeitung,

• Art und Zweck der Verarbeitung,

• die Art der personenbezogenen Daten,

• die Kategorien betroffener Personen sowie

• die Pflichten und Rechte des Verantwortlichen

festgelegt werden müssen.

Daneben muss der Vertrag aber auch **wesentliche Bestimmungen zur Weisungsgebundenheit** des Auftragsverarbeiters enthalten.

Hinweis zum nachfolgenden Muster:

Das folgende Muster hilft Ihnen dabei, die Auftragsverarbeitung mit einem Vertrag rechtskonform abzusichern.

Muster: Vertrag zur Auftragsverarbeitung

Vertrag

zwischen

Firma
Straße, Hausnr./Postfach
PLZ Ort
– im Folgenden *Auftraggeber* –

und

Firma
Straße, Hausnr./Postfach
PLZ Ort
– im Folgenden *Auftragnehmer* –

I. Gegenstand der Vereinbarung

An dieser Stelle des Vertrags erläutern Sie, was im Detail der Inhalt Ihrer Vereinbarung mit dem Auftragsverarbeiter ist. Dabei ist es erforderlich, dass Sie eine möglichst genaue Beschreibung der Aufgaben des Auftragnehmers vornehmen, wozu insbesondere auch die Kategorien betroffener Personen, die Datenkategorien sowie Art und Zweck der Datenverarbeitung gehören. Diese Beschreibung können Sie entweder an dieser Stelle des Vertrags vornehmen oder auch auf andere Dokumente wie Leistungsvereinbarungen, Rahmenverträge, Werkverträge etc. verweisen, sofern diese bereits abgeschlossen wurden und die Beschreibung des Leistungsgegenstands beinhalten. Sofern ein solcher Verweis erfolgen soll, muss die vorherige Vereinbarung in diesen Vertrag einbezogen werden, indem konkret darauf Bezug genommen wird. Dazu sollte eine genaue Bezeichnung des Vertrags und des Vertragsschlusses erfolgen. Im Folgenden bieten wir Ihnen für beide Varianten einen Formulierungsvorschlag!

Variante 1: Beschreibung des Vertragsgegenstands in dieser Vereinbarung

1. Gegenstand dieses Vertrags ist die Durchführung der folgenden Aufgaben durch den Auftragnehmer:

    a) ...

b) ...

c) ...

Die Datenverarbeitung verfolgt den Zweck, ...

2. Im Rahmen dieser Vereinbarung sind folgende Kategorien personenbezogener Daten zu verarbeiten:

a) ...

b) ...

c) ...

3. Die Datenverarbeitung bezieht sich auf die Daten folgender Kategorien betroffener Personen:

a) ...

b) ...

c) ...

Variante 2: Bezugnahme auf weitere Dokumente

Der Gegenstand dieses Vertrags ergibt sich aus ..., welche/welcher am ... geschlossen wurde. Dieser Vertrag ist als Ergänzung zu der/dem zuvor genannten ... zu verstehen.

II.   Dauer der Vereinbarung

Welche Dauer Ihre Vertragsvereinbarung haben soll, ist individuell und kann entweder mit Ausführung der in diesem Vertrag genannten Aufgaben oder zu einem von Ihnen bestimmten Zeitpunkt enden. Ein Ende ist jedoch nicht zwangsläufig zu bestimmen. Vielmehr können Verträge grundsätzlich auch auf unbestimmte Zeit geschlossen werden und ein Ende durch eine Kündigung unter Einhaltung einer Kündigungsfrist durch eine der Parteien herbeigeführt werden. Aus diesem Grund bieten wir Ihnen im Folgenden für alle drei Varianten eine Formulierungshilfe!

Variante 1: Vertrag endet mit Erfüllung vertraglich vereinbarter Aufgaben

Diese Vereinbarung endet mit der einmaligen Durchführung des in Punkt I. dieses Vertrags vereinbarten Auftrags.

Variante 2: Befristeter Vertrag

Dieser Vertrag ist auf befristete Zeit geschlossen und endet zum ....

Tragen Sie bitte im Feld .... das Datum ein, an dem das Vertragsverhältnis enden soll.

Variante 3: Unbefristeter Vertrag mit Kündigungsoption

Dieser Vertrag ist auf unbefristete Zeit geschlossen, kann aber von beiden Parteien unter Einhaltung einer Frist von ... Monaten zum Ende des Monats gekündigt werden. Davon unberührt bleibt die außerordentliche Kündigung aus wichtigem Grund.

Tragen Sie bitte im Feld ... die Anzahl der Monate der Kündigungsfrist ein.

III.   Pflichten des Auftragnehmers während der Vertragslaufzeit

Besonders sorgfältig regeln sollten Sie die Pflichten des Auftragnehmers. Im Folgenden bieten wir Ihnen Formulierungsvorschläge für unbedingt notwendige Pflichten. Diese können Sie jedoch um weitere Pflichten für den konkreten Einzelfall ergänzen.

1. Der Auftragnehmer nimmt die Datenverarbeitung für den Auftraggeber ausschließlich im Rahmen der Vorgaben dieser Vereinbarung vor. Dies betrifft insbesondere den Gegenstand und die Dauer der Verarbeitung, den Zweck der Verarbeitung, die Art der personenbezogenen Daten, die Kategorien betroffener Personen sowie die Pflichten und Rechte des Auftraggebers.

2. Sofern der Auftragnehmer eine behördliche Aufforderung erhält, die ihm vom Auftraggeber überlassenen Daten herauszugeben, so hat er den Auftraggeber unverzüglich darüber in Kenntnis zu setzen. Weiterhin ist es ihm untersagt, eine Herausgabe der Daten an eine Behörde vorzunehmen. Der Auftragnehmer hat die anfragende Behörde an den Auftraggeber zu verweisen.

3. Der Auftragnehmer darf die Daten des Auftraggebers nur dann für eigene Zwecke verarbeiten, wenn dies zuvor schriftlich zwischen den Parteien vereinbart wurde.

4. Der Auftragnehmer, der Personen mit der Datenverarbeitung beauftragt, ist verpflichtet, die Vertraulichkeit der Daten durch vorherige Verpflichtungserklärungen dieser Personen sicherzustellen, sofern sie nicht ohnehin einer angemessenen gesetzlichen Verschwiegenheitspflicht unterliegen. Diese muss sich insbesondere auch auf den Zeitraum nach Beendigung der Tätigkeit beim Auftragnehmer erstrecken.

5. Der Auftragnehmer hat seiner gesetzlichen Pflicht zur Erstellung eines Verarbeitungsverzeichnisses nach Art. 30 DSGVO nachzukommen.

6. Der Auftragnehmer ist verpflichtet, die in Art. 32 DSGVO normierten Maßnahmen zur Sicherheit der Verarbeitung zu treffen.

7. Der Auftragnehmer hat technische und organisatorische Maßnahmen in einer Art und Weise zu treffen, die es dem Auftraggeber ermöglichen, die gesetzlich in Kapitel III, Art. 12–23 der europäischen Datenschutz-Grundverordnung geregelten Betroffenenrechte – wie

   • das Recht auf Information, Auskunft, Berichtigung, Löschung, Einschränkung der Verarbeitung,

   • Datenübertragbarkeit und

   • Widerspruch innerhalb der ihm gesetzlich vorgeschriebenen Fristen zu erfüllen.

8. Weiterhin hat der Auftragnehmer dem Auftraggeber die dafür erforderlichen Informationen zu überlassen.

9. Sofern der Auftragnehmer eine Anfrage von einem Betroffenen erhält, so hat er den Auftraggeber unverzüglich darüber in Kenntnis zu setzen und den Betroffenen über die Weiterleitung an den Auftraggeber als Verantwortlichen in Kenntnis zu setzen. Eine Bearbeitung der Anfrage des Betroffenen ist dem Auftragnehmer untersagt.

10. Der Auftragnehmer ist verpflichtet, den Auftraggeber bei der Erfüllung der ihm gesetzlich in den Art. 32–36 auferlegten Pflichten zu unterstützen. Diese betreffen die Sicherheit der Datenverarbeitung, die Meldung von Verletzungen des Schutzes personenbezogener Daten an die Aufsichtsbehörde, die Benachrichtigung der von einer Verletzung des Schutzes personenbezogener Daten betroffenen Person, die Datenschutz-Folgenabschätzung und die Pflicht zur vorherigen Konsultation.

11. Der Auftragnehmer räumt dem Auftraggeber ein jederzeitiges Einsichtnahme- und Kontrollrecht im Hinblick auf die von ihm beauftragte Datenverarbeitung ein. Dabei ist der Auftragnehmer verpflichtet, dem Auftraggeber all jene Informationen zu überlassen, die zur Wahrnehmung seines Kontrollrechts nötig sind.

12. Sofern eine Weisung zur Datenverarbeitung des Auftraggebers nach Ansicht des Auftragnehmers nicht in Einklang mit den geltenden Datenschutzvorschriften steht, so hat der Auftragnehmer den Auftraggeber darüber unverzüglich in Kenntnis zu setzen.

IV.   Pflichten des Auftragnehmers nach Vertragsbeendigung

1. Nach Beendigung des Vertragsverhältnisses ist der Auftragnehmer verpflichtet, dem Auftraggeber alle Verarbeitungsergebnisse und Dokumente, die Daten beinhalten, herauszugeben. Hat der Auftraggeber statt der Herausgabe eine Vernichtung angewiesen, so hat der Auftragnehmer dieser Weisung nachzukommen.

2. Erfolgt die Datenverarbeitung beim Auftragnehmer in einem speziellen technischen Format, so hat der Auftragnehmer die Daten in diesem speziellen Format, sonst in dem ursprünglich vom Auftraggeber vorgesehenen Format oder in einem anderen üblichen Format herauszugeben.

V.   Ort der Durchführung der Datenverarbeitung

In diesem Punkt der Vereinbarung sollten Sie regeln, an welchem Ort die Auftragsverarbeitung durchgeführt werden soll. Dieser Punkt ist von besonderer Bedeutung, da der Gesetzgeber bei Auftragsverarbeitungen außerhalb der Europäischen Union erhöhte Anforderungen stellt und dann bestimmte Voraussetzungen zur Sicherstellung eines angemessenen Datenschutzniveaus erfüllt werden müssen. Dass diese Voraussetzungen vorliegen, sollten Sie dann auch in Ihren Vertrag aufnehmen. Die erhöhten Anforderungen gelten auch dann, wenn die Datenverarbeitung nur teilweise außerhalb der Europäischen Union erfolgt. Für beide Varianten erhalten Sie im Folgenden einen Formulierungsvorschlag.

Variante 1: Datenverarbeitung innerhalb der Europäischen Union

Der Auftragnehmer verpflichtet sich, die für den Auftraggeber vorgenommenen Datenverarbeitungen ausschließlich innerhalb der Europäischen Union vorzunehmen.

Variante 2: Datenverarbeitung ganz oder teilweise außerhalb der Europäischen Union

1. Der Auftragnehmer nimmt die vereinbarten Datenverarbeitungen für den Auftraggeber ganz/teilweise außerhalb der Europäischen Union vor, und zwar in den folgenden Staaten:

    a) ...

    b) ...

    c) ...

2. Das für die Datenverarbeitung außerhalb der Europäischen Union erforderliche angemessene Datenschutzniveau ergibt sich aus:

Im Folgenden Zutreffendes bitte in den Vertrag aufnehmen, nicht Zutreffendes bitte streichen.

    a) einem Angemessenheitsbeschluss der Europäischen Kommission gem. Art. 45 DSGVO.

    b) einer verbindlichen internen Datenschutzvorschrift gem. Art. 47 i.V.m. Art. 46 Abs. 2 Buchst. b) DSGVO.

    c) europäischen Standarddatenschutzklauseln gem. Art. 46 Abs. 2 Buchst. c) und d) DSGVO.

    d) genehmigten Verhaltensregeln gem. Art. 46 Abs. 2 Buchst. e) i.V.m. Art. 40 DSGVO.

    e) einem genehmigten Zertifizierungsmechanismus gem. Art. 46 Abs. 2 Buchst. f) i.V.m. Art. 42 DSGVO.

    f) einer von der Datenschutzbehörde bewilligten Vertragsklausel gem. Art. 46 Abs. 3 Buchst. a) DSGVO.

    g) einer Ausnahme für den bestimmten Fall gem. Art. 49 Abs. 1 DSGVO.

h) einer Ausnahme für den Einzelfall gem. Art. 49 Abs. 1 Satz 2 DSGVO.

VI.   Subauftragsverarbeiter

Bei der Beauftragung eines Auftragsverarbeiters müssen Sie bedenken, dass Ihr Auftragnehmer für die mit Ihnen vereinbarte Auftragsarbeit ggf. weitere Auftragsverarbeiter, sogenannte Subauftragsverarbeiter, einsetzen könnte. Sie müssen sich überlegen, ob Sie dies erlauben möchten oder nicht und dementsprechend einen der folgenden Passagen in Ihren Vertrag aufnehmen. Sofern Sie sich für eine Zulässigkeit entscheiden, sollten Sie vertraglich vereinbaren, um welchen Dienstleister es sich dabei genau handeln soll.

Variante 1: Unzulässigkeit der Beauftragung eines Subauftragsverarbeiters

Dem Auftragnehmer ist es nicht gestattet, für die vom Auftraggeber beauftragten Datenverarbeitungstätigkeiten einen Subauftragsverarbeiter einzusetzen.

Variante 2: Zulässigkeit der Beauftragung eines Subauftragsverarbeiters

1. Dem Auftragnehmer ist es gestattet, für die vom Auftraggeber beauftragten Datenverarbeitungstätigkeiten den folgenden Subauftragsverarbeiter einzusetzen:

Firma

Straße, Hausnr./Postfach

PLZ Ort

Telefon

Telefax

E-Mail

2. Sofern der Auftragnehmer eine Änderung in der Person des Subauftragsverarbeiters vornehmen möchte, so ist dies nur zulässig, wenn dafür ein wichtiger Grund vorliegt, der Auftragnehmer dies dem Auftraggeber zuvor rechtzeitig schriftlich unter Angabe des wichtigen Grunds anzeigt und der Auftraggeber dieser Änderung zustimmt.

3. Die für die Unterbeauftragung erforderlichen Vereinbarungen i. S. d. Art. 28 Abs. 4 DSGVO schließt der Auftragnehmer mit dem Subauftrags-

verarbeiter ab. Danach ist sicherzustellen, dass der Subauftragsverarbeiter gegenüber dem Auftragnehmer dieselben Verpflichtungen eingeht wie der Auftragnehmer gegenüber dem Auftraggeber. Dies betrifft insbesondere eine Datenverarbeitung, die konform mit den Anforderungen der nationalen und europäischen Datenschutzgesetze ist.

4. Kommt der Subauftragsverarbeiter seinen vertraglichen Datenschutzpflichten nicht nach, so haftet der Auftragnehmer gegenüber dem Auftraggeber für die Einhaltung der Pflichten seines Subauftragsverarbeiters.

Ort, Datum und Unterschrift
des Auftraggebers

Ort, Datum und Unterschrift
des Auftragnehmers

Kapitel 4: Beschäftigtendatenschutz

I. Gesetzliche Regel

Beschäftigtendatenschutz meint zunächst Datenschutz für Arbeitnehmer, Azubis, Praktikanten und Bewerber. Aber auch Beamte und Richter des Bundes, arbeitnehmerähnliche Personen und Rehabilitanden fallen unter den Begriff, § 26 Abs. 8 BDSG. Die EU konnte sich nicht auf eine einheitliche Regelung einigen und hat dann durch eine Öffnungsklausel in Art. 88 Abs. 1 DSGVO den Mitgliedstaaten den Weg für eigene Regelungen freigemacht. In Deutschland findet sich der Beschäftigtendatenschutz daher in § 26 BDSG.

> **Merke:**
>
> Beim Beschäftigtendatenschutz gilt dasselbe wie beim Rechtsanwalt: Auch handschriftlich gefertigte Notizen während eines Bewerbungsgesprächs sowie die persönliche Befragung oder Weitergabe persönlicher Informationen durch das Telefon fallen in den Anwendungsbereich des § 26 BDSG. Jeder Versuch unzulässiger Informationsbeschaffung durch den Arbeitgeber hat auch **datenschutzrechtliche Konsequenzen**.

Beispiel:

Fragen zu den Familienverhältnissen eines Bewerbers (Familienstand, alleinerziehend, Zahl und Namen der Kinder) sind grundsätzlich unzulässig und gehen den Arbeitgeber nichts an (Grundsatz der Zweckbindung und Datensparsamkeit). Etwas anderes kann etwa hinsichtlich Zahl und Alter der Kinder gelten, wenn der Bewerber sich für Schichtarbeit bewirbt.

Unzulässige Fragen korrespondieren mit dem Recht des Beschäftigten zur Lüge.

Beispiel
„Fragerecht des Arbeitgebers"

77

Übersicht „Zulässige Angaben Personalakte"

Welche Angaben darf der Arbeitgeber zur Personalakte nehmen?

- Name, Anschrift, Telefonnummer und E-Mail-Adresse sind zur Kontaktaufnahme erforderlich;

- regelmäßig nicht notwendig sind: Geburtsort, Geburtsname, Alter und Nationalität;

- das Vorhandensein einer Fahrerlaubnis ist nur relevant, wenn diese zur Erledigung der geschuldeten Arbeit benötigt wird;

- Vorstrafen und laufende Ermittlungen: Nach Vorstrafen darf ein Arbeitgeber nur bei Relevanz für die Tätigkeit fragen, etwa Vermögensdelikte wohl generell, jedenfalls bei Umgang mit Geld und relevanten Vermögenswerten oder Verkehrsdelikte bei Berufskraftfahrern;

- Krankheiten: Wenn sie sich auf die Eignung für die vorgesehene Tätigkeit auswirken können. Auch zulässig ist die Frage, ob in absehbarer Zeit eine Arbeitsunfähigkeit, z.B. durch eine geplante OP, eine bewilligte Kur oder eine zzt. bestehende akute Erkrankung, kommen kann (§ 26 Abs. 3 BDSG).

Internet am Arbeitsplatz

Welche datenschutzrechtlichen Regelungen haben Sie im Rahmen der Verwendung von E-Mail und Internetkommunikation am Arbeitsplatz zu beachten? Die Entscheidung, ob und in welchem Umfang Ihre Beschäftigten Internet und E-Mail am Arbeitsplatz privat nutzen dürfen, liegt in Ihrem **freien Ermessen**. Es steht Ihnen frei, die private Nutzung von Internet und E-Mail am Arbeitsplatz ausdrücklich zu verbieten oder sie – ganz oder teilweise – ausdrücklich erlauben. Ohne Erlaubnis des Arbeitgebers steht dem Arbeitnehmer kein Anspruch auf private Nutzung von Internet und E-Mail am Arbeitsplatz zu. Diese, und das ist die Crux, kann aber auch **stillschweigend durch Duldung** erteilt werden, wie nachfolgende Fall zeigt.

Beispiel:

Ein seit langem ausgeschiedener Mitarbeiter erfährt per Zufall, dass sein personalisierter E-Mail-Account noch besteht. Er wendet sich an die Unternehmensleitung und bittet um unverzügliche Löschung. Jetzt stellt sich heraus, dass es im Betrieb keinerlei Regelung zur Nutzung von Internet und E-Mail am Arbeitsplatz gibt. Die Mitarbeiter taten dies einfach und gingen davon aus, dies sei gestattet. Mehr noch: einige hatten in ihrem E-Mail-Client auch ihren privaten E-Mail-Account verknüpft und nun vereinten sich munter private wie dienstliche E-Mails.

Beispiel „E-Mail-Account"

Das Unternehmen gilt damit als Dienstanbieter i. S. d. TMG und ist damit nicht nur an das Fernmeldegeheimnis des § 88 TKG gebunden. Eine Übernahme des E-Mail-Accounts durch den Arbeitgeber nach Ausscheiden des Arbeitnehmers scheidet aus, solange nur die theoretische Möglichkeit besteht, dass private E-Mails eingehen. Er kann auf die E-Mail-Accounts Zugriff nur noch nehmen, wenn die Mitarbeiter einwilligen. Selbst bei rein dienstlicher E-Mail-Nutzung ist eine lückenlose Überwachung von E-Mails nicht zulässig, denn eine ständige automatisierte Kontrolle des Beschäftigten wäre ein besonders schwerwiegender Eingriff in sein Persönlichkeitsrecht. Nur Stichproben sind zulässig.

Anbieter von Telemedien

Tipp:

Was tun? Der Arbeitgeber sollte mit dem Betriebsrat dringend eine Betriebsvereinbarung schließen, um den Komplex zu regeln. Hierbei sollte er als erstes die private Nutzung von Internet und E-Mail am Arbeitsplatz ausschließen. Die Zulässigkeit einer Datenverarbeitung ist auch durch Tarifvertrag oder Betriebsvereinbarung regelbar. Diese Möglichkeiten gilt es zu nutzen. Praktiker bemängeln aber, dass in der Vergangenheit unklare Regelungen oder die Unterschreitung des Schutzniveaus des BDSG sogar die Aufsichtsbehörde auf den Plan riefen. Art. 88 Abs. 2 DSGVO verschärft die Anforderungen nochmals: Eine

Betriebsvereinbarung muss Datenverarbeitungsprozesse an der Wahrung der menschlichen Würde, den berechtigten Interessen und den Grundrechten des Betroffenen messen. Zudem haben die Vertragsparteien § 75 Abs. 2 BetrVG zu beachten. Soweit bisher vertreten wurde, durch Betriebsvereinbarungen dürfe negativ vom Schutzstandard des BDSG abgewichen werden, ist dies nunmehr obsolet. Es empfiehlt sich, fachkundigen Rat einzuholen. Dies gilt auch, soweit eine Anpassung bereits bestehender Kollektivverträge erforderlich scheint.

Bei der hier zu schließenden Betriebsvereinbarung kann der Arbeitgeber sich an der **Musterbetriebsvereinbarung** der Konferenz der unabhängigen Datenschutzbehörden des Bundes und der Länder orientieren. Sie kann hier heruntergeladen werden:

https://www.baden-wuerttemberg.datenschutz.de/wp-content/uploads/2016/02/OH_E-Mail_Internet_Arbeitsplatz.pdf

Ausdrückliche Nutzungsregelung

Auch wenn Sie keinen Betriebsrat haben, können Sie sich an den Formulierungen orientieren, um sie als Betriebsrichtlinie zu veröffentlichen. Transparenz ist auch für die Arbeitnehmer das A und O. An einer **ausdrücklichen Nutzungsregelung** kommen Sie nicht vorbei. Wenn die private Nutzung erlaubt sein soll, formulieren Sie zumindest einen Widerrufsvorbehalt dahingehend, dass die Gestattung später nach billigem Ermessen eingeschränkt oder widerrufen werden kann. Sie sollten auch inhaltlich und zeitlich klare Vorgaben machen, Nutzungsbeschränkungen vorsehen und Kontrollmaßnahmen vorsehen. Besser noch: keine private Nutzung erlauben und den Beschäftigten zumindest mit einer W-Lan-Zone entgegenkommen, um ihnen in Pausen die Möglichkeit zu geben, „mal kurz die Mails zu checken".

So verfahren Sie am besten!

Um datenschutzrechtliche Probleme zu vermeiden, sollte eine verantwortliche Person bestimmt werden, die dafür sorgt, dass eine personalisierte E-Mail-Adresse beim Ausscheiden des Mitarbeiters sofort gelöscht und der Mailserver im Fall des Ausscheidens eines Beschäftigten so konfiguriert wird, dass eingehende E-Mails automatisch an den Absender mit dem Vermerk „E-Mail-Account nicht mehr in Verwendung" unter Angabe eines neuen Ansprechpartners im Unternehmen zurückgesendet werden.

Auch populär: die sozialen Netzwerke zu durchforsten, was Bewerber oder Arbeitnehmer da so treiben. Problematisch? Nach alter Rechtslage (§ 4 Abs. 2 BDSG a.F.) waren personenbezogene Daten grundsätzlich beim Betroffenen zu erheben. Die DSGVO kennt dieses Prinzip nicht. Dafür kennt sie weitreichende Informationspflichten für die Datenerhebung bei Dritten aus Art. 14 DSGVO, welchen sich der Arbeitgeber eher ungern stellen wird. Also besser lassen! Dies gilt in gleicher Weise für den Anruf beim alten Arbeitgeber: „Können Sie mir den empfehlen?" Abgesehen davon, dass der alte Arbeitgeber so auch seine (nachwirkende) Treupflicht aus dem alten Arbeitsvertrag verletzt.

Informations-
beschaffung
in sozialen
Netzwerken

Dürfen Sie personenbezogene Daten Ihrer Beschäftigten auf Ihrer Webseite veröffentlichen?

Arbeitnehmer-
daten auf
Webseite

- Auf der sicheren Seite sind Sie, wenn die Angaben über den Mitarbeiter auf der Webseite für (potentielle) Kunden wichtig sein könnten. Name, verantworteter Bereich und Kontaktdaten (Telefon, Telefax, E-Mail) sind unproblematisch.

- Was aber ist mit einem Foto des Mitarbeiters oder weiteren persönlicher Informationen? Dies wird nur auf Grundlage einer konkreten Einwilligung des Beschäftigten möglich sein. Auch §§ 22 ff. KUG sind zu beachten (näher hierzu in Kap. 9 f.).

Beispiel:

Beispiel
„Webseite"

Auf der Webseite eines Reisebüros waren Fotos und Kontaktdaten der Mitarbeiter mit Angabe des jeweiligen Zuständigkeitsbereichs aufgeführt. Unter dem Foto eines Auszubilden-den stand der Name und folgende Information: „befindet sich derzeit im Krankenstand". Dass sich diese Angabe – zugleich ein besonders geschütztes Datum – eigentlich von selbst ver-bietet, versteht sich nach den vorstehenden Angaben von sel-ber.

Merke:

Soweit das BAG in seinem Urteil vom 11.12.2014 – 8 AZR 1010/13, DRsp Nr. 2015/7102, davon ausgegangen war, ein Arbeitnehmer könne frei in die arbeitgeberseitige Veröf-fentlichung von Bildnissen einwilligen, ist dies unter Gel-tung der DSGVO wohl so nicht mehr haltbar. Das BAG hatte geurteilt:

- Von einer generellen Unwirksamkeit der Einwilligung von Arbeitnehmern, weil diese im Rahmen eines Arbeitsverhältnisses nicht „frei entscheiden" könnten, sei nicht auszugehen;

- eine unbefristet erteilte Einwilligung erlösche nicht „automatisch" mit dem Ende des Arbeitsverhältnisses. Diesen Vorbehalt müsse der Arbeitnehmer entweder bei der Einwilligung erklären oder er müsse in der Natur der veröffentlichten Bildnisse liegen, etwa bei werben-dem Charakter;

- eine ohne Einschränkungen erteilte Einwilligung könne vom Arbeitnehmer – unabhängig vom Bestehen eines Arbeitsverhältnisses – widerrufen werden, wenn ein plausibler Grund bestehe, warum der Arbeitnehmer durch den Widerruf sein Recht auf informationelle Selbstbestimmung nunmehr gegenläufig ausüben wolle.

Diese **drei Prämissen** dürften nunmehr **so nicht mehr gel-ten**.

Welche Mitarbeiterdaten darf ich veröffentlichen?

Zulässig:

- Vor- und Nachname
- Titel, akademischer Grad
- Berufsqualifikation
- Funktion im Unternehmen
- Postalische Dienstanschrift
- Dienstliche Telefonnummer, Telefax und E-Mail

Nur mit Einwilligung des Betroffenen zulässig:

- Privatanschrift
- private Telefonnummer
- Fotos
- Angaben aus dem Lebenslauf
- Angaben aus dem Privatleben, etwa sportliche Erfolge
- Angaben zur Konfession

Übersicht „Veröffent- lichung von Mit- arbeiterdaten"

Merke:

Die persönlichen Daten eines ausgeschiedenen Arbeitneh- mers sind unverzüglich von der Webseite zu löschen. Dies folgt bereits aus seinem allgemeinen Persönlichkeitsrecht. Geltend machen muss der Arbeitnehmer dies nicht. Es genügt, dass die Angaben werbenden Charakter haben. Auch ist der Arbeitnehmer – so als nunmehr in eigener Kanzlei tätiger Anwalt – ggf. wettbewerbsrechtlich benach- teiligt, wenn der Eindruck entstünde, er sei noch beim alten Arbeitgeber beschäftigt. Dieser habe nach Beendigung des Arbeitsverhältnisses **kein berechtigtes Interesse mehr**, die Daten des ausgeschiedenen Arbeitnehmers weiter zu veröffentlichen.

II. Muster einer Datenschutzerklärung für Beschäftigte

Im Folgenden möchten wir Ihnen ein Muster für eine Datenschutzerklärung speziell für Beschäftigte geben. Wofür ist dieses Muster hilfreich? Zeit für ein bisschen Wiederholung des unter Ziff. I weiter oben in diesem Kapitel Erläuterten.

Beschäftigte als betroffene Personen

Während der Fokus der Datenschutzerklärung i.d.R. auf Personen liegt, die nicht zum Unternehmen gehören, also Interessenten, Kunden oder Geschäftspartnern, sollten die Beschäftigten als eine Kategorie **betroffener Personen** (zu den Betroffenenrechten siehe das folgende Kap. 5) nicht vernachlässigt werden. Denn jedes Unternehmen verarbeitet eine Vielzahl von Daten seiner Mitarbeiter, wie z.B. Name, Adresse, Geburtsdatum, Fotos, Bankdaten, Steuerklasse oder auch Bewerbungsunterlagen (auch hier finden die europäischen und nationalen Datenschutzgesetze Anwendung, siehe oben).

Denn der Umstand allein, dass die Beschäftigten in einem Arbeitsverhältnis zum Unternehmen stehen, hat nicht zur Folge, dass deren Daten willkürlich erhoben, gespeichert und verarbeitet werden dürfen. Vielmehr haben auch Beschäftigte ein **Recht auf informationelle Selbstbestimmung** und damit auf Schutz ihrer Daten. Man spricht dabei auch vom **Arbeitnehmerdatenschutz**.

Zwar trifft die europäische Datenschutz-Grundverordnung selbst keine Regelungen zum Beschäftigtendatenschutz. Wie wir oben erläutert haben, erlaubt § 26 DSGVO jedoch unter bestimmten Voraussetzungen eine Verarbeitung von Beschäftigtendaten durch den Arbeitgeber. Mit diesem Recht des Arbeitgebers zur Datenverarbeitung gehen aber auch eine Vielzahl von **Informationspflichten des Arbeitgebers** einher:

Informationspflichten des Arbeitgebers

- Der Arbeitgeber muss den Mitarbeiter nicht nur umfassend, klar und verständlich über die Art, den Zweck und den Umfang der Datenverarbeitung informieren.

- Er muss ihn auch auch über seine Rechte als Betroffener der Datenverarbeitung aufklären. Letzteres betrifft insbesondere das Recht auf Auskunft, Berichtigung, Löschung, Widerspruch oder Widerruf der Einwilligung.

Für all diese Informationen, zu deren Erteilung Sie als Arbeitgeber gem. Art. 13 DSGVO verpflichtet sind, bietet sich eine **Datenschutzerklärung speziell für Beschäftigte** an. Diese kann

- einerseits bereits bestehenden Mitarbeitern gegenüber erklärt sowie
- im Intranet veröffentlicht werden und
- andererseits bei Neueinstellungen als Anlage zum Arbeitsvertrag mitgeteilt werden.

Hinweis zum nachfolgenden Muster:

Beachten Sie bitte, dass das nachfolgende Muster nur die **Mindestangaben** innerhalb einer Datenschutzerklärung für Beschäftigte enthält und Sie diese erweitern müssen, wenn Sie darüber hinausgehende Datenverarbeitungsprozesse vornehmen. Auch können **Modifikationen** für Ihren konkreten Einzelfall erforderlich sein.

Muster: Datenschutzerklärung für Beschäftigte

Als Kanzlei/Firma ... ist uns der sichere Umgang mit den Daten unserer Beschäftigten besonders wichtig. Wir möchten Sie daher hiermit ausführlich über die Verwendung Ihrer Daten im Rahmen des Arbeitsverhältnisses informieren.

I.   Begriffsbestimmungen

Die Datenschutzerklärung für Beschäftigte der Kanzlei/Firma... beruht auf den Begrifflichkeiten, die durch den Europäischen Richtlinien- und Verordnungsgeber beim Erlass der Datenschutz-Grundverordnung (DSGVO) und durch den deutschen Gesetzgeber bei Erlass des Bundesdatenschutzgesetzes verwendet wurden. Um die Verständlichkeit der Datenschutzerklärung für unsere Beschäftigten zu vereinfachen, möchten wir vorab die verwendeten Begrifflichkeiten erläutern:

- **Personenbezogene Daten**: Personenbezogene Daten sind alle Informationen, die sich auf eine identifizierte oder identifizierbare natürliche Person (im Folgenden „betroffene Person") beziehen. Als identifizierbar wird eine natürliche Person angesehen, die direkt oder indirekt, insbesondere mittels Zuordnung zu einer Kennung wie einem Namen, zu einer Kennnummer, zu Standortdaten, zu einer Online-Kennung oder zu einem oder mehreren besonderen Merkmalen, die Ausdruck der physischen, physiologischen, genetischen, psychischen, wirtschaftlichen, kulturellen oder sozialen Identität dieser natürlichen Person sind, identifiziert werden kann.

- **Betroffene Person**: Betroffene Person ist jede identifizierte oder identifizierbare natürliche Person, deren personenbezogene Daten von dem für die Verarbeitung Verantwortlichen verarbeitet werden.

- **Beschäftigte:** Beschäftigte sind Arbeitnehmerinnen und Arbeitnehmer, einschließlich der Leiharbeitnehmerinnen und Leiharbeitnehmer im Verhältnis zum Entleiher, Auszubildende, Rehabilitandinnen und Rehabilitanden, in anerkannten Werkstätten für behinderte Menschen Beschäftigte, Freiwillige i. S. d. Jugendfreiwilligendienstgesetzes oder des Bundesfreiwilligendienstgesetzes, arbeitnehmerähnliche Personen, Heimarbeiter und diesen Gleichgestellte, Beamtinnen und Beamte des Bunds, Richterinnen und Richter des Bunds, Soldatinnen und Soldaten sowie Zivildienstleistende, Bewerberinnen und Bewerber für ein Beschäftigungsverhältnis sowie Personen, deren Beschäftigungsverhältnis beendet ist.

- **Verarbeitung:** Verarbeitung ist jeder mit oder ohne Hilfe automatisierter Verfahren ausgeführte Vorgang oder jede solche Vorgangsreihe im Zusammenhang mit personenbezogenen Daten wie das Erheben, das Erfassen, die Organisation, das Ordnen, die Speicherung, die Anpassung oder Veränderung, das Auslesen, das Abfragen, die Verwendung, die Offenlegung durch Übermittlung, Verbreitung oder eine andere Form der Bereitstellung, den Abgleich oder die Verknüpfung, die Einschränkung, das Löschen oder die Vernichtung.

- **Einschränkung der Verarbeitung:** Einschränkung der Verarbeitung ist die Markierung gespeicherter personenbezogener Daten mit dem Ziel, ihre künftige Verarbeitung einzuschränken.

- **Profiling:** Profiling ist jede Art der automatisierten Verarbeitung personenbezogener Daten, die darin besteht, dass diese personenbezogenen Daten verwendet werden, um bestimmte persönliche Aspekte, die sich auf eine natürliche Person beziehen, zu bewerten, insbesondere, um Aspekte bezüglich Arbeitsleistung, wirtschaftlicher Lage, Gesundheit, persönlicher Vorlieben, Interessen, Zuverlässigkeit, Verhalten, Aufenthaltsort oder Ortswechsel dieser natürlichen Person zu analysieren oder vorherzusagen.

- **Pseudonymisierung:** Pseudonymisierung ist die Verarbeitung personenbezogener Daten in einer Weise, auf welche die personenbezogenen Daten ohne Hinziehung zusätzlicher Informationen nicht mehr einer spezifischen betroffenen Person zugeordnet werden können, sofern diese zusätzlichen Informationen gesondert aufbewahrt werden und technischen und organisatorischen Maßnahmen unterliegen, die gewährleisten, dass die personenbezogenen Daten nicht einer identifizierten oder identifizierbaren natürlichen Person zugewiesen werden.

- **Verantwortlicher oder für die Verarbeitung Verantwortlicher**: Verantwortlicher oder für die Verarbeitung Verantwortlicher ist die natürliche oder juristische Person, Behörde, Einrichtung oder andere Stelle, die allein oder gemeinsam mit anderen über die Zwecke und Mittel der Verarbeitung von personenbezogenen Daten entscheidet. Sind die Zwecke und Mittel dieser Verarbeitung durch das Unionsrecht oder das Recht der Mitgliedstaaten vorgegeben, so kann der Verantwortliche bzw. können die bestimmten Kriterien seiner Benennung nach dem Unionsrecht oder dem Recht der Mitgliedstaaten vorgesehen werden.

- **Auftragsverarbeiter**: Auftragsverarbeiter ist eine natürliche oder juristische Person, Behörde, Einrichtung oder andere Stelle, die personenbezogene Daten im Auftrag des Verantwortlichen verarbeitet.

- **Empfänger:** Empfänger ist eine natürliche oder juristische Person, Behörde, Einrichtung oder andere Stelle, der personenbezogene Daten offengelegt werden, unabhängig davon, ob es sich bei ihr um einen Dritten handelt oder nicht. Behörden, die im Rahmen eines bestimmten Untersuchungsauftrags nach dem Unionsrecht oder dem Recht der Mitgliedstaaten möglicherweise personenbezogene Daten erhalten, gelten jedoch nicht als Empfänger.

- **Dritter:** Dritter ist eine natürliche oder juristische Person, Behörde, Einrichtung oder andere Stelle außer der betroffenen Person, dem Verantwortlichen, dem Auftragsverarbeiter und den Personen, die unter der unmittelbaren Verantwortung des Verantwortlichen oder des Auftragsverarbeiters befugt sind, die personenbezogenen Daten zu verarbeiten.

- **Einwilligung:** Einwilligung ist jede von der betroffenen Person freiwillig für den bestimmten Fall in informierter Weise und unmissverständlich abgegebene Willensbekundung in Form einer Erklärung oder einer sonstigen eindeutigen bestätigenden Handlung, mit der die betroffene Person zu verstehen gibt, dass sie mit der Verarbeitung der sie betreffenden personenbezogenen Daten einverstanden ist.

- **Biometrische Daten:** Biometrische Daten sind mit speziellen technischen Verfahren gewonnene personenbezogene Daten zu den physischen, physiologischen oder verhaltenstypischen Merkmalen einer natürlichen Person, die die eindeutige Identifizierung dieser natürlichen Person ermöglichen oder bestätigen, wie Gesichtsbilder oder daktyloskopische Daten.

- **Gesundheitsdaten:** Gesundheitsdaten sind personenbezogene Daten, die sich auf die körperliche oder geistige Gesundheit einer natürlichen Person, einschließlich der Erbringung von Gesundheitsdienstleistungen, beziehen und aus denen Informationen über deren Gesundheitszustand hervorgehen.

II.   Rechtsgrundlage der Datenverarbeitung

Die Verarbeitung der Beschäftigtendaten erfolgt auf Basis der Grundsätze der europäischen Datenschutz-Grundverordnung (DSGVO) und des Bundesdatenschutzgesetzes (BDSG), insbesondere § 26 BDSG. Eine Datenverarbeitung zum Zwecke des Beschäftigungsverhältnisse ist insbesondere gem. § 26 Abs. 1 BDSG zulässig, wenn dies für die Entscheidung über die Begründung eines Beschäftigungsverhältnisses oder nach Begründung des Beschäftigungsverhältnisses für dessen Durchführung oder Beendigung oder zur Ausübung oder Erfüllung der sich aus einem Gesetz oder einem Tarifvertrag, einer Betriebs- oder Dienstvereinbarung (Kollektivvereinbarung) ergebenden Rechte und Pflichten der Interessenvertretung der Beschäftigten erforderlich ist. Des Weiteren ist eine Datenverarbeitung gem. Art. 6 Abs. 1 Buchst. a) DSGVO und § 4 Abs. 1 BDSG auch dann zulässig, wenn der Beschäftigte dazu eine rechtskonforme Einwilligung erteilt hat.

III.   Notwendige Datenverarbeitungen

1. In Beschäftigungsverhältnissen werden die von den Beschäftigten überlassenen Daten wie Name, Anschrift, Geburtsdatum, Steuerklasse, Lebenslauf, Zeugnisse, Notfallkontakte oder Telefonnummer sowie im Rahmen des Beschäftigungsverhältnisses anfallende Daten wie Arbeitszeiten, Gehaltsdaten, Krankenzeiten oder Urlaubszeiten verarbeitet, sofern dies aufgrund von Gesetzen, Normen kollektiver Rechtsgestaltung oder arbeitsvertraglicher Verpflichtungen zulässig erforderlich ist.

2. Die Datenverarbeitung und Datenübermittlung verfolgt dabei insbesondere den Zweck, die Lohnbuchhaltung abzuwickeln und Entgelte auszuzahlen, Aufzeichnungs-, Auskunfts- und Meldepflichten einzuhalten sowie Korrespondenzen durchzuführen und zu archivieren. Dabei handelt es sich um solche Datenverarbeitungsvorgänge, die zur Begründung, zur Durchführung und zur Beendigung des Beschäftigungsverhältnisses erforderlich sind.

3. Weiterhin erfolgt eine Datenverarbeitung von Beschäftigtendaten zum Zwecke der Verwaltung und Sicherheit des Systems, wovon auch automationsunterstützt erstellte und archivierte Textdokumente wie Nachrichtenkorrespondenzen in diesen Angelegenheiten mit eingeschlossen sind. Dabei handelt es sich um solche Datenverarbeitungsvorgänge, ohne die ein sicherer Betrieb des Systems und damit auch eine Beschäftigung in unserem Unternehmen nicht möglich ist.

4. Die jeweils im Einzelfall erforderlichen Daten der Beschäftigten werden auf Basis der gesetzlichen Bestimmungen bzw. auf Grundlage vertraglicher Vereinbarungen an folgende Stellen übermittelt.

    a) ...

    b) ...

    c) ...

Tragen Sie an diesem Punkt bitte alle die Stellen ein, an die die Datenübermittlung erfolgt. Dabei handelt es sich z.B. um Sozialversicherungsträger, das Finanzamt, Betriebsärzte, gesetzlich vorgesehene Vertrauenspersonen, Pensionskassen etc. Die Angaben an dieser Stelle sollten auch mit Ihren Angaben zu Mitarbeiterdaten im Verarbeitungsverzeichnis übereinstimmen!

Sofern es während des Beschäftigungsverhältnisses oder nach dessen Beendigung zu einer rechtlichen Streitigkeit kommt, ist die Kanzlei/Firma... berechtigt, die zur Rechtsverfolgung erforderlichen Daten an den Rechtsbeistand und Gerichte zu übermitteln.

5. Berufliche Kontaktdaten des Beschäftigten werden im Intranet zur Kontaktaufnahme durch andere Unternehmensangehörige veröffentlicht. Dabei handelt es sich um einen Datenverarbeitungsvorgang, der auf einem berechtigten Interesse der Kanzlei/Firma... an einem ungestörten Betriebsablauf innerhalb des Unternehmens beruht.

Sofern die zuvor geregelte Veröffentlichung im Intranet auf Ihren Fall nicht zutrifft, können Sie diesen Passus streichen.

6. Berufliche Kontaktdaten von Beschäftigten, die Außenkontakt mit Kunden und Lieferanten haben, werden weiterhin zum Zwecke der Kontaktaufnahme im Internet auf der Unternehmens-Webseite veröffentlicht. Dabei handelt es sich um einen Datenverarbeitungsvorgang, der auf einem berechtigten Interesse der Kanzlei/Firma... an einem ungestörten Betriebsablauf innerhalb des Unternehmens beruht.

Sofern der Beschäftigte typischerweise Außenkontakt hat, kann die Veröffentlichung seiner Kontaktdaten notwendig sein, um seine arbeitsvertraglichen Pflichten zu erfüllen. Ist dies nicht der Fall und soll eine Veröffentlichung dennoch erfolgen, so ist dies nur mit Einwilligung des Beschäftigten zulässig. In diesem Fall gehört diese Regelung in den nächsten Teil „III. Freiwillige Datenverarbeitung". Möchten Sie keine Beschäftigtendaten im Internet veröffentlichen, dann können Sie diesen Passus streichen.

IV.   Freiwillige Datenverarbeitungen

Sofern die folgenden Verarbeitungsprozesse in Ihrem Unternehmen gar nicht oder nur in modifizierter Form stattfinden, können Sie den entsprechenden Passus streichen bzw. auf Ihre individuellen Bedürfnisse anpassen.

1. Die Verarbeitung besonderer Kategorien von Daten i. S. d. Art. 9 Abs. 2 Buchst. b) DSGVO wie Religionszugehörigkeit, Gewerkschaftszugehörigkeit oder Gesundheitsdaten erfolgt auf Grundlage einer freiwilligen Übermittlung dieser Daten durch den Beschäftigten und seiner für jede Datenkategorie separat erteilten schriftlichen Einwilligung.

Sofern die Datenverarbeitung besonderer Kategorien personenbezogener Daten der Beschäftigten nicht auf freiwilliger Basis erfolgt, sondern für den Betriebsablauf erforderlich ist, dann gehört diese Regelung in Abschnitt „II. Notwendige Datenverarbeitung". Die Verortung der Regelung ist von besonderer Bedeutung, da in den Fällen mangels Freiwilligkeit keine Einwilligung des Beschäftigten erforderlich ist und er demnach auch kein Widerrufsrecht hat. In diesem Fall müssen Sie genau bezeichnen, um welche Kategorie besonderer personenbezogener Daten es sich handelt und zu welchem Zweck diese in ihrem Unternehmen verarbeitet werden müssen. In Betracht kommt dabei z.B. eine Verarbeitung biometrischer Daten für Zutrittskontrollen, elektronische Personalakten oder elektronische Bewerbungsverfahren.

2. Die Verarbeitung von Daten zu Notfallkontakten erfolgt auf Grundlage einer freiwilligen Übermittlung dieser Daten durch den Beschäftigten und der von ihm erteilten schriftlichen Einwilligung.

3. Die Verarbeitung eines Fotos eines Beschäftigten im Intranet und/oder im Internet auf der Unternehmenswebseite erfolgt auf Grundlage einer freiwilligen Übermittlung dieser Daten durch den Beschäftigten und der von ihm erteilten schriftlichen Einwilligung zu dessen Veröffentlichung.

4. Alle im Rahmen der freiwilligen Datenübermittlung erteilten schriftlichen Einwilligungen können jederzeit einzeln für sich widerrufen werden. Nach erfolgtem Widerruf ist es der Kanzlei/Firma... untersagt, Daten des Beschäftigten in Bezug auf den widerrufenen Verarbeitungsprozess weiterhin zu verarbeiten. Ein Widerruf ist schriftlich durch den Beschäftigten gegenüber der folgenden Stelle zu erklären:

Kanzlei/Firma
Abteilung
Firma
Straße, Hausnr./Postfach
PLZ Ort

Geben Sie an dieser Stelle bitte den Namen und die Kontaktdaten der Person innerhalb Ihres Unternehmens an, an die die Beschäftigten ihren Widerruf adressieren sollen.

V.   Auftragsverarbeitung

Sofern Sie in Ihrem Unternehmen Datenverarbeitungsprozesse auslagern, benötigt Ihre Datenschutzerklärung für Beschäftigte auch einen Hinweis darauf. Der Inhalt dessen orientiert sich maßgeblich daran, ob die Datenverarbeitung innerhalb oder außerhalb der Europäischen Union erfolgt. Erfolgen Verarbeitungen der Daten Ihrer Beschäftigten ausschließlich intern, so können Sie diesen Absatz ganz aus der Datenschutzerklärung streichen.

Variante 1: Datenverarbeitung innerhalb der Europäischen Union

Die Kanzlei/Firma... beauftragt Auftragsverarbeiter mit der Verarbeitung der Beschäftigtendaten. Die Datenverarbeitung findet dabei ausschließlich innerhalb der Europäischen Union statt.

Variante 2: Datenverarbeitung ganz oder teilweise außerhalb der Europäischen Union

1. Die Kanzlei/Firma... beauftragt Auftragsverarbeiter mit der Verarbeitung der Beschäftigtendaten. Die Datenverarbeitung findet dabei ganz/teilweise außerhalb der Europäischen Union statt, und zwar in den folgenden Staaten:

    a) ...

    b) ...

    c) ...

2. Das für die Datenverarbeitung außerhalb der Europäischen Union erforderliche angemessene Datenschutzniveau ergibt sich aus:

Im Folgenden Zutreffendes bitte in den Vertrag aufnehmen, nicht Zutreffendes bitte streichen.

    a) einem Angemessenheitsbeschluss der Europäischen Kommission gem. Art. 45 DSGVO.

    b) einer verbindlichen internen Datenschutzvorschrift gem. Art. 47 i.V.m. Art. 46 Abs. 2 Buchst. b) DSGVO.

    c) europäischen Standarddatenschutzklauseln gem. Art. 46 Abs. 2 Buchst. c) und d) DSGVO.

d) genehmigten Verhaltensregeln gem. Art. 46 Abs. 2 Buchst. e) i.V.m. Art. 40 DSGVO.

e) einem genehmigten Zertifizierungsmechanismus gem. Art. 46 Abs. 2 Buchst. f) i.V.m. Art. 42 DSGVO.

f) einer von der Datenschutzbehörde bewilligten Vertragsklausel gem. Art. 46 Abs. 3 Buchst. a) DSGVO.

g) einer Ausnahme für den bestimmten Fall gem. Art. 49 Abs. 1 DSGVO.

h) einer Ausnahme für den Einzelfall gem. Art. 49 Abs. 1 Satz 2 DSGVO.

VI. Dauer der Datenspeicherung

Die Kanzlei/Firma... speichert die Daten ihrer Beschäftigten im Rahmen der gesetzlichen Aufbewahrungspflichten.

VII. Betroffenenrechte der Beschäftigten

1. Der Europäische Richtlinien- und Verordnungsgeber räumt jedem von der Verarbeitung personenbezogener Daten betroffenen Beschäftigten das Recht ein,

a) von dem für die Verarbeitung Verantwortlichen eine Bestätigung darüber zu verlangen, ob sie betreffende personenbezogene Daten verarbeitet werden. Möchte ein betroffener Beschäftigter dieses Recht in Anspruch nehmen, kann er sich hierzu jederzeit an die unter Punkt 3 dieses Abschnitts genannten Personen bzw. Stellen wenden;

b) jederzeit von dem für die Verarbeitung Verantwortlichen unentgeltliche Auskunft über die zu seiner Person gespeicherten personenbezogenen Daten und eine Kopie dieser Auskunft zu erhalten;

c) Auskunft über folgende Informationen zu verlangen:

- die Verarbeitungszwecke;

- die Kategorien personenbezogener Daten, die verarbeitet werden;

- die Empfänger oder Kategorien von Empfängern, gegenüber denen die personenbezogenen Daten offengelegt worden sind oder noch offengelegt werden, insbesondere bei Empfängern in Drittländern oder bei internationalen Organisationen;

- falls möglich, die geplante Dauer, für die die personenbezogenen Daten gespeichert werden, oder, falls dies nicht möglich ist, die Kriterien für die Festlegung dieser Dauer;

- das Bestehen eines Rechts auf Berichtigung oder Löschung der sie betreffenden personenbezogenen Daten oder auf Einschränkung der Verarbeitung durch den Verantwortlichen oder eines Widerspruchsrechts gegen diese Verarbeitung.

- das Bestehen eines Beschwerderechts bei einer Aufsichtsbehörde;
- wenn die personenbezogenen Daten nicht bei der betroffenen Person erhoben werden: Alle verfügbaren Informationen über die Herkunft der Daten;
- das Bestehen einer automatisierten Entscheidungsfindung einschließlich Profiling gem. Art. 22 Abs. 1 und 4 DSGVO und – zumindest in diesen Fällen – aussagekräftige Informationen über die involvierte Logik sowie die Tragweite und die angestrebten Auswirkungen einer derartigen Verarbeitung für die betroffene Person;

d) Auskunft darüber zu verlangen, ob personenbezogene Daten an ein Drittland oder an eine internationale Organisation übermittelt wurden. Sofern dies der Fall ist, so steht der betroffenen Person im Übrigen das Recht zu, Auskunft über die geeigneten Garantien im Zusammenhang mit der Übermittlung zu erhalten. Möchte ein betroffener Beschäftigter dieses Recht in Anspruch nehmen, kann er sich hierzu jederzeit an die unter Punkt 3 dieses Abschnitts genannten Personen bzw. Stellen wenden;

e) die unverzügliche Berichtigung ihn betreffender unrichtiger personenbezogener Daten zu verlangen. Ferner steht der betroffenen Person das Recht zu, unter Berücksichtigung der Zwecke der Verarbeitung, die Vervollständigung unvollständiger personenbezogener Daten – auch mittels einer ergänzenden Erklärung – zu verlangen. Möchte ein betroffener Beschäftigter dieses Recht in Anspruch nehmen, kann er sich hierzu jederzeit an die unter Punkt 3 dieses Abschnitts genannten Personen bzw. Stellen wenden;

f) von dem Verantwortlichen zu verlangen, dass die ihn betreffenden personenbezogenen Daten unverzüglich gelöscht werden, sofern einer der folgenden Gründe zutrifft und soweit die Verarbeitung nicht erforderlich ist:

- Die personenbezogenen Daten wurden für solche Zwecke erhoben oder auf sonstige Weise verarbeitet, für welche sie nicht mehr notwendig sind.
- Der betroffene Beschäftigte widerruft die für die Datenverarbeitung

erforderliche Einwilligung und es fehlt an einer anderweitigen Rechtsgrundlage für die Verarbeitung.

- Der betroffene Beschäftigte legt rechtskonform Widerspruch gegen die Verarbeitung ein und es liegen keine vorrangigen berechtigten Gründe für die Verarbeitung vor.
- Die personenbezogenen Daten wurden unrechtmäßig verarbeitet.
- Die Löschung der personenbezogenen Daten ist zur Erfüllung einer rechtlichen Verpflichtung nach dem Unionsrecht oder dem Recht der Mitgliedstaaten erforderlich, dem der Verantwortliche unterliegt.

Sofern einer der o.g. Gründe zutrifft und eine betroffene Person die Löschung von personenbezogenen Daten, die bei der Kanzlei/Firma... gespeichert sind, veranlassen möchte, kann sie sich direkt an die unter Punkt 3 dieses Abschnitts genannten Personen bzw. Stellen wenden;

g) von dem Verantwortlichen die Einschränkung der Verarbeitung zu verlangen, wenn eine der folgenden Voraussetzungen gegeben ist:

- Die Richtigkeit der personenbezogenen Daten wird von der betroffenen Person bestritten, und zwar für eine Dauer, die es dem Verantwortlichen ermöglicht, die Richtigkeit der personenbezogenen Daten zu überprüfen.
- Die Verarbeitung ist unrechtmäßig, die betroffene Person lehnt die Löschung der personenbezogenen Daten ab und verlangt stattdessen die Einschränkung der Nutzung der personenbezogenen Daten.
- Der Verantwortliche benötigt die personenbezogenen Daten für die Zwecke der Verarbeitung nicht länger, die betroffene Person benötigt sie jedoch zur Geltendmachung, Ausübung oder Verteidigung von Rechtsansprüchen.
- Die betroffene Person hat Widerspruch gegen die Verarbeitung gem. Art. 21 Abs. 1 DSGVO eingelegt und es steht noch nicht fest, ob die berechtigten Gründe des Verantwortlichen gegenüber denen der betroffenen Person überwiegen.

Sofern eine der o.g. Voraussetzungen gegeben ist und eine betroffene Person die Einschränkung von personenbezogenen Daten, die bei der Kanzlei/Firma... gespeichert sind, verlangen möchte, kann er sich hierzu jederzeit an die unter Punkt 3 dieses Abschnitts genannten Personen bzw. Stellen wenden, die dann das Notwendige veranlassen werden;

h) die ihn betreffenden personenbezogenen Daten, welche durch die betroffene Person einem Verantwortlichen bereitgestellt wurden, in einem strukturierten, gängigen und maschinenlesbaren Format zu erhalten. Er hat außerdem das Recht, diese Daten einem anderen Verantwortlichen ohne Behinderung durch den Verantwortlichen, dem die personenbezogenen Daten bereitgestellt wurden, zu übermitteln, sofern die Verarbeitung auf der Einwilligung gem. Art. 6 Abs. 1 Buchst. a) oder Art. 9 Abs. 2 Buchst. a) DSGVO oder auf einem Vertrag gem. Art. 6 Abs. 1 Buchst. b) DSGVO beruht und die Verarbeitung mithilfe automatisierter Verfahren erfolgt, sofern die Verarbeitung nicht für die Wahrnehmung einer Aufgabe erforderlich ist, die im öffentlichen Interesse liegt oder in Ausübung öffentlicher Gewalt erfolgt, welche dem Verantwortlichen übertragen wurde;

i) bei der Ausübung seines Rechts auf Datenübertragbarkeit gem. Art. 20 Abs. 1 DSGVO zu erwirken, dass die personenbezogenen Daten direkt von einem Verantwortlichen an einen anderen Verantwortlichen übermittelt werden, soweit dies technisch machbar ist und sofern hiervon nicht die Rechte und Freiheiten anderer Personen beeinträchtigt werden. Möchte ein betroffener Beschäftigter dieses Recht in Anspruch nehmen, kann er sich hierzu jederzeit an die unter Punkt 3 dieses Abschnitts genannten Personen bzw. Stellen wenden;

j) aus Gründen, die sich aus seiner besonderen Situation ergeben, jederzeit gegen die Verarbeitung sie betreffender personenbezogener Daten, die aufgrund von Art. 6 Abs. 1 Buchst. e) oder f) DSGVO erfolgt, Widerspruch einzulegen. Dies gilt auch für ein auf diese Bestimmungen gestütztes Profiling. Die Kanzlei/Firma... verarbeitet die personenbezogenen Daten im Fall des Widerspruchs nicht mehr, es sei denn, wir können zwingende schutzwürdige Gründe für die Verarbeitung nachweisen, die den Interessen, Rechten und Freiheiten der betroffenen Person überwiegen, oder die Verarbeitung dient der Geltendmachung, Ausübung oder Verteidigung von Rechtsansprüchen. Zur Ausübung des Rechts auf Widerspruch kann sich die betroffene Person direkt an den Datenschutzbeauftragten der Kanzlei/Firma... oder den unter Punkt 3 dieses Abschnitts genannten Verantwortlichen wenden. Der betroffenen Person steht es ferner frei, im Zusammenhang mit der Nutzung von Diensten der Informationsgesellschaft, ungeachtet der Richtlinie 2002/58/EG, ihr Widerspruchsrecht mittels automatisierter Verfahren auszuüben, bei denen technische Spezifikationen verwendet werden;

k) nicht einer ausschließlich auf einer automatisierten Verarbeitung – einschließlich Profiling – beruhenden Entscheidung unterworfen zu werden, die ihr gegenüber rechtliche Wirkung entfaltet oder sie in ähnlicher Weise erheblich beeinträchtigt, sofern die Entscheidung

- nicht für den Abschluss oder die Erfüllung eines Vertrags zwischen der betroffenen Person und dem Verantwortlichen erforderlich ist, oder

- aufgrund von Rechtsvorschriften der Union oder der Mitgliedstaaten, denen der Verantwortliche unterliegt, zulässig ist und diese Rechtsvorschriften angemessene Maßnahmen zur Wahrung der Rechte und Freiheiten sowie der berechtigten Interessen der betroffenen Person enthalten oder

- mit ausdrücklicher Einwilligung der betroffenen Person erfolgt.

- Ist die Entscheidung

- für den Abschluss oder die Erfüllung eines Vertrags zwischen der betroffenen Person und dem Verantwortlichen erforderlich oder

- erfolgt sie mit ausdrücklicher Einwilligung der betroffenen Person,

trifft die Kanzlei/Firma... angemessene Maßnahmen, um die Rechte und Freiheiten sowie die berechtigten Interessen der betroffenen Person zu wahren, wozu mindestens das Recht auf Erwirkung des Eingreifens einer Person seitens des Verantwortlichen, auf Darlegung des eigenen Standpunkts und auf Anfechtung der Entscheidung gehört. Möchte die betroffene Person Rechte mit Bezug auf automatisierte Entscheidungen geltend machen, kann sie sich hierzu jederzeit an unseren Datenschutzbeauftragten oder an den unter Punkt 3 dieses Abschnitts genannten Verantwortlichen wenden;

l) eine Einwilligung zur Verarbeitung personenbezogener Daten jederzeit zu widerrufen. Möchte die betroffene Person ihr Recht auf Widerruf einer Einwilligung geltend machen, kann sie sich hierzu jederzeit an die unter Punkt 3 dieses Abschnitts genannten Personen bzw. Stellen wenden;

m) sich über Verstöße gegen das Datenschutzrecht bei der Aufsichtsbehörde zu beschweren.

2. Wurden die personenbezogenen Daten des Beschäftigten von der Kanzlei/Firma... öffentlich gemacht und ist unser Unternehmen als Verantwortlicher gem. Art. 17 Abs. 1 DSGVO zur Löschung der personenbezogenen Daten verpflichtet, so trifft die Kanzlei/Firma... unter Berücksichtigung der verfügbaren Technologie und der Implementierungskosten angemessene Maßnahmen, auch technischer Art, um andere für die Datenverarbeitung Verantwortliche, welche die veröffentlichten personenbezogenen Daten verarbeiten, darüber in Kenntnis zu setzen, dass die betroffene Person von diesen anderen für die Datenverarbeitung Verantwortlichen die Löschung sämtlicher Links zu diesen personenbezogenen Daten oder von Kopien oder Replikationen dieser personenbezogenen Daten verlangt hat, soweit die Verarbeitung nicht erforderlich ist. Der Datenschutzbeauftragte der Kanzlei/Firma... oder der unter Punkt 3 dieses Abschnitts genannte Verantwortliche wird im Einzelfall das Notwendige veranlassen.

3. Möchte ein betroffener Beschäftigter die in diesem Abschnitt erläuterten Rechte gegenüber der Kanzlei/Firma... geltend machen, so hat er sein Anliegen an die im Folgenden genannten Person bzw. Stellen zu adressieren:

   • Unternehmensintern verantwortliche Person bzw. Stelle:

Tragen Sie an dieser Stelle bitte den Namen, die Abteilung und die Kontaktdaten der in Ihrem Unternehmen für die Umsetzung der Betroffenenrechte verantwortlichen Person ein.

   • Datenschutzbeauftragter der Kanzlei/Firma...:

Tragen Sie an dieser Stelle bitte den Namen, die Abteilung und die Kontaktdaten des internen Datenschutzbeauftragten ein, sofern Sie einen solchen haben. Handelt es sich um einen externen Datenschutzbeauftragten, dann ergänzen Sie bitte zusätzlich die Anschrift. Verfügen Sie über keinen Datenschutzbeauftragten, können Sie die Angabe zum Datenschutzbeauftragten löschen.

Kapitel 5: Betroffenenrechte

I. Grundsatz

„Ein unionsweiter wirksamer Schutz personenbezogener Daten erfordert die Stärkung und präzise Festlegung der Rechte der betroffenen Personen" heißt es in Erwägungsgrund Nr. 11. Dem dienen neu eingeführte Ansprüche der Betroffenen und präzise ausgestaltete Transparenzpflichten bei der Datenverarbeitung.

Grundsatz: Stärkung der Betroffenen-rechte

Die betroffene Person soll die Informationen in

- präziser,

- transparenter,

- verständlicher und

- leicht zugänglicher

Form in einer

- klaren und einfachen Sprache

- erhalten (Art. 12 Abs. 1 Satz 1 DSGVO)

und dies

- stets unentgeltlich (Art. 12 Abs. 5 DSGVO).

Eine Kostenerstattung kommt nur bei offensichtlichem Missbrauch in Frage, den man in der Praxis wohl gleich vergessen kann.

II. Welche Rechte haben Betroffene?

Rechte der Nutzer sind:

- Informationsrecht, Art. 13 und 14 DSGVO;

- Auskunftsrecht, Art. 15 DSGVO;

- Berichtigungsrecht, Art. 16 DSGVO;

Übersicht „Rechte der Nutzer"

- Recht auf Löschung und Einschränkung der Verarbeitung von Daten, Art. 17 DSGVO;

- Recht auf Vergessenwerden, Art. 17 DSGVO;

- Recht auf Datenübertragbarkeit, Art. 20 DSGVO;

- Widerspruchsrecht, Art. 21 DSGVO;

- Recht auf Beschwerde bei Aufsichtsbehörden.

Informations-pflichten

Art. 13 DSGVO regelt die Informationspflichten bei der **Direkterhebung**, Art. 14 greift bei der Erhebung von Daten **bei Dritten**. Beide Artikel unterscheiden bei den Informationspflichten wiederum zwischen

- Informationen, die dem Betroffenen mitzuteilen sind (Art. 13 Abs. 1 und Art. 14 Abs. 1 DSGVO), und

- Informationen die dem Betroffenen zur Verfügung zu stellen sind (Art. 13 Abs. 2 und Art. 14 Abs. 2 DSGVO).

Die **vor der Verarbeitung** bzw., im zweiten Fall, grds. innerhalb angemessener Frist zu erteilenden Informationen sind in beiden Varianten weitgehend gleich, nämlich u.a.

- zu den Verantwortlichen;

- ggf. zu den Datenschutzbeauftragten;

- zum Zweck der Verarbeitung;

- ggf. zu den berechtigten Interessen des Verantwortlichen;

- zum Empfänger;

- zur geplante Speicherdauer;

- Hinweis auf die (im Anschluss näher darzustellenden) Betroffenenrechte;

- Hinweis, dass eine Einwilligung jederzeit widerrufen werden kann oder

- Hinweis auf Beschwerderecht bei der Aufsichtsbehörde.

Ist die jeweilige Information dem Betroffenen bereits bekannt (z.B. aus früheren Mandaten oder Geschäftsbeziehungen), darf der Verantwortliche netterweise von einer erneuten Instruierung des Betroffenen absehen, Art. 13 Abs. 4, Art. 14 Abs. 5 Buchst. a) DSGVO.

Erscheint der Mandant in der Kanzlei, kann ihm das Personal oder der Anwalt vor der Mandatsaufnahme einen Mandantenbogen überreichen mit den erforderlichen datenschutzrechtlichen Hinweisen. Ein Muster hierfür finden Sie in Kap. 10. Nicht immer aber kann der Verantwortliche garantieren, dass der Betroffene insbesondere bei der Direkterhebung sofort informiert wird.

Folgende **besondere Verarbeitungssituationen** sind zu unterscheiden:

- Bei Onlinevorgängen erfolgt die Mitteilung über die obligatorisch auf der Webseite bereitgestellte Datenschutzerklärung (s. Kapitel 6);

- im Ladenlokal kann ein Aushang erfolgen; dies gilt natürlich nur, soweit personenbezogene Daten verarbeitet werden wie beim Fahrkarten- oder Eintrittskartenverkauf. Wer nur eine Zeitschrift kauft, bedarf der Belehrung nicht;

- bei telefonischen Transaktionen empfiehlt sich, die Pflichtinformationen in einem Untermenü bereitzuhalten. Denkbar ist auch die Bereitstellung per SMS auf das Mobilfunkgerät;

- Arbeitnehmer sollten die Datenschutzhinweise als Anlage zum Arbeitsvertrag erhalten, bei Bewerbern genügt es, auf die Verarbeitung in der Anzeige zu verweisen, denn der Verarbeitungsvorgang beginnt erst mit Sichtung der eingesandten Unterlagen. Bei Initiativbewerbungen kann die Information nur nachgereicht werden, obgleich die Erhebung direkt beim Betroffenen erfolgt.

Wie zu Beginn in Kapitel 1 gesehen, kann der Betroffene jederzeit Auskunft darüber verlangen, ob und welche Daten

Sie zu welchen Zwecken verarbeiten und an wen auf welcher Grundlage Sie sie weitergeben, Art. 15 DSGVO. Sie müssen ihm auf Anforderung eine schriftliche oder elektronische Abschrift der Daten kostenlos übermitteln. Dies darf **nicht länger als einen Monat** dauern, Art. 12 Nr. 3 DSGVO.

> **Tipp:**
>
> Auch in kleineren Unternehmen sollte der Verantwortliche sich auf diesen Fall vorbereiten. Hat die zur Personalverwaltung eingesetzte Software keine Auskunftsfunktion, sollte zumindest eine vollständige Personalakte von (ausgeschiedenen) Arbeitnehmern, Praktikanten **und** zumindest eine Übersicht der in die Auswahl einbezogenen Bewerber existieren. Nicht (mehr) erforderliche Daten oder in den Unterlagen ersichtliche Informationen über Dritte oder gar das eigene Unternehmen sind rechtzeitig auszusieben oder zumindest zu schwärzen, denn Art. 15 Nr. 4 DSGVO stellt klar, dass das Recht auf Erhalt einer Kopie Rechte anderer Personen, auch Urheberrechte, nicht verletzen darf.

Pflicht zur Prüfung der Identität

Der Verantwortliche hat sich zu vergewissern, ob die Person, die Auskunft begehrt, diejenige ist, die sie vorgibt zu sein. Es wäre ein **schwerer Datenschutzverstoß**, eine Auskunft an eine unberechtigte Person zu erteilen. Bei „begründeten Zweifeln" hat er die Identität des Antragstellers zu prüfen, etwa, wenn er eine andere E-Mail-Adresse als zuvor benutzt. Er darf dann eine Kopie des Personalausweises verlangen, aber nur unter dem Hinweis, dass bis auf Namen, Foto und Adresse alle übrigen Angaben geschwärzt werden müssen.

Rechte des Betroffenen

Vor allem bei Schufa-Angelegenheiten wichtig: Betroffene haben ein Recht, ihre Daten zu berichtigen oder zu ergänzen, Art. 16 DSGVO.

Nach Art. 21 DSGVO können Betroffene **jederzeit** der Verarbeitung ihrer Daten **widersprechen**. Bezieht sich der Widerspruch auf Zwecke des Direktmarketings, hat der Verantwortliche für künftige Fälle den Widerspruch zwingend umzusetzen. Im Übrigen darf die Verarbeitung fortgesetzt werden, wenn der Verantwortliche zwingende schutzwürdige und das Löschinteresse des Betroffenen überwiegende Gründe zur Seite hat. Führt ein Unternehmen etwa ein Inkassoverfahren gegen einen säumigen Kunden, wird dieser etwa entsprechend der zuvor geltenden Regelung zu § 28 Abs. 4 BDSG a.F. der Weitergabe seiner Daten an ein Inkassoinstitut mit der Begründung widersprechen können, die Forderung sei bestritten oder (noch) nicht fällig. Im Übrigen wird sich der Unternehmer darauf berufen können, dass er die Daten zur ggf. gerichtlichen Geltendmachung seiner Ansprüche weiterzureichen hat.

Hat der Betroffene der Datenverarbeitung erfolgreich widersprochen, deren Einwilligung widerrufen oder geltend gemacht, dass der Zweck der Datenerhebung entfallen ist oder die gesetzlichen Voraussetzungen der Datenverarbeitung nicht vorlagen, dann müssen die Daten gelöscht, d.h. irreversibel vernichtet werden, Art. 17 DSGVO. Speichermedien müssen so überschrieben werden, dass die Daten nicht wiederherstellbar sind.

Ist eine Löschung unmöglich oder unverhältnismäßig oder ist strittig, ob die Verarbeitung rechtmäßig ist oder nicht, hat der Betroffene zumindest einen Anspruch auf Einschränkung der Verarbeitung der Daten aus Art. 18 DSGVO. Diese Daten müssen archiviert und als „eingeschränkt/gesperrt" besonders gekennzeichnet werden.

Art. 19 DSGVO setzt ein berühmtes EuGH-Urteil (v. 13.05.2014 – C-131/12, DRsp Nr. 2014/8393) um, nämlich das „**Recht auf Vergessenwerden**". Der Verantwortliche, der personenbezogene Daten öffentlich gemacht hat, soll Verantwortlichen, die genau diese Daten verarbeiten, mitteilen, alle Links zu diesen personenbezogenen Daten zu löschen (Erwägungsgrund 66), und so den Betroffenen helfen, weniger schmeichelhafte Berichte aus ihrer Vergangenheit aus dem Internet zu tilgen. Google ist etwa verpflichtet, Links zu Jahre alten Berichten über Insolvenzen oder persönliche Ver-

Recht auf Vergessenwerden

fehlungen Betroffener zu löschen. Wie bisher bedarf es einer Abwägung, ob noch ein Veröffentlichungsinteresse besteht, das vom Recht auf Meinungsfreiheit umfasst ist, und ggf. welche Kosten der Löschung zugrunde liegen. Es ist – ähnlich wie beim Netzwerkdurchsetzungsgesetz – davon auszugehen, dass angesichts der Haftungsgefahr für den Verantwortlichen hier Daten im Zweifel eher gelöscht werden.

Portabilität

Schließlich gibt es jetzt ein Recht des Betroffenen auf **Datenübertragbarkeit** (oder **Portabilität**, Art. 20 DSGVO), das Recht v. a. des Nutzers sozialer Netzwerke, die Herausgabe seiner Daten in einem maschinenlesbaren Format verlangen zu können. Dies betrifft nur Daten, die der Betroffene selber übermittelt hat. Schlüsse, die der Verantwortliche aus dem Verhalten des Kunden gezogen und etwa in Verhaltensprofilen konkretisiert hat, muss er nicht herausgeben.

Beispiele:

Beispiele „herauszugebende Daten"

- Der Anbieter einer Fitness-App hat die Angaben zur Person herauszugeben (die der Nutzer ggf. per Verlinkung mit seinem Facebook-Konto generiert hat) und die bisherigen Workouts, Laufstrecken, Gesundheitsdaten etc., aber die durch Datenanalyse erstellten Verhaltensprofile nicht.

- Der Onlineshop hat die vom Kunden mitgeteilten Daten, Bestellungen, Zahlungshinweise etc. herauszugeben, das selbst aus selbstgewählten Parametern wie Kaufverhalten, Zahlungsfristen oder Retourenquote erstellte Kundenprofil aber nicht.

Betroffene haben das Recht, sich bei den Aufsichtsbehörden (i. d. R. also den zuständigen Landesdatenschutzbehörden) über unerlaubte Datenverarbeitung zu beschweren.

Rechtsanwalt: Berufsgeheimnis vor Datenschutz

Jeder Rechtsanwalt verarbeitet fast vollständig automatisiert Daten, weshalb er selbstverständlich auch Adressat der datenschutzrechtlichen Normen der DSGVO ist. Gerät der Datenschutz indes in Konflikt mit dem Berufsgeheimnis, geht Letzteres stets vor.

Kapitel 6: Datenschutz auf der Webseite

I. Webseite im datenschutzrechtlichen Kontext

Zeit für ein bisschen Wiederholung.

Grundsatz

An welche drei Dinge sollten wir spontan denken, wenn wir das Thema „Webseite" im datenschutzrechtlichen Kontext behandeln?

1. Da auch hier natürlich Datenverarbeitung stattfindet, muss die Webseite ins **Verzeichnis der Verarbeitungstätigkeiten** aufgenommen werden (Kap. 2);

2. da die wenigsten von uns ihre Webseite auf einem eigenen Server laufen haben, muss vom Hostprovider ein Vertrag zur **Auftragsverarbeitung** abgefordert werden (Kap. 3 Ziff. V) und

3. die Datenschutzerklärung, die Sie hoffentlich bereits auf Ihrer Seite leicht zugänglich bereithalten, muss auf die Vorgaben der DSGVO angepasst werden.

Von Letzterem handelt dieses Kapitel. Dass der Diensteanbieter so etwas vorhalten muss, folgt aus § 13 TMG bzw. Art. 13 DSGVO und hat sich wohl zwischenzeitlich herumgesprochen. Die Datenschutzerklärung sichert nicht nur die Rechte der Webseitenbesucher, sondern erfüllt auch die Pflichten des Verantwortlichen aus den Art. 13 und 14 DSGVO (Kap. 5). Der Verantwortliche kann daher nicht genug Sorgfalt auf die korrekte und vollständige Abfassung seiner Datenschutzerklärung legen.

Funktion

> **Merke:**
>
> Vielleicht haben Sie ja bislang vermutet, Sie müssten mindestens zweierlei Datenschutzerklärungen vorhalten, eine schriftliche für Ihre Mitarbeiter und eine online für die Webseitenbesucher. Dies ist ein Irrtum. Natürlich ist es zweckmäßig, Ihre Mitarbeiter in einer Anlage zum Arbeitsvertrag

entsprechend zu unterweisen, doch können diese Informationen genauso gut in die Online-Datenschutzerklärung aufgenommen werden.

Wie umfangreich diese ausfällt, hängt davon ab, ob und ggf. welche Verknüpfungen zu sozialen Medien Sie vorhalten oder welche Analyse-Tools Sie einsetzen.

 Checkliste: Pflichtinhalte Ihrer Datenschutzerklärung

Ist die Datenschutzerklärung vollständig?	Anm.
Name/Adresse des Verantwortlichen	
Kontaktdaten, online genügt die E-Mail-Adresse	
Datenschutzbeauftragter, falls benannt, nebst E-Mail-Adresse	
Nennung der Rechtsgrundlagen der Daten-verarbeitung	
Kategorien von Daten und jeweiliger Zweck der Verarbeitung	
Nennung der einzelnen Verarbeitungstätigkeiten	
Nennung der berechtigten Interessen, die zur Verarbeitung berechtigen	
Hinweise zur Löschung der personenbezogenen Daten und der jeweiligen Löschintervalle	
Hinweise auf die Betroffenenrechte und	
Hinweis auf das Widerspruchsrecht	

Sonderproblem Cookies

Wir haben in Kapitel 3 gesehen, dass auch Cookies personenbezogene Daten sind, weil sie die Identifikation des Rechners ermöglichen. Browser sind zumeist so voreingestellt, dass Cookies standardmäßig zugelassen werden. Ist das Ablegen von Cookies also einwilligungspflichtig? Dann wirds schwierig, denn in dem Moment, in dem der Nutzer Sie besucht, ist es schon passiert und ist die vorgeschriebene Belehrung nicht mehr möglich. Das Vorschalten einer Webseite ist aufwendig und muss zudem vorsehen, dass der Nutzer seine Einwilligung jederzeit widerruft. Hier kann nur mit dem **berechtigten Interesse** des Art. 6 Nr. 1 Buchst. f) DSGVO (siehe hierzu auch Kap. 3) gearbeitet werden.

Wer seine Webseite auf WordPress aufgesetzt hat, nutzt, **bewusst oder unbewusst**, einige oder auch mehrere **Plug-ins**, also kleine Apps, die die Seite sicherer oder komfortabler machen.

Sonderproblem WordPress

Das (datenschutzrechtliche) Problem hierbei: die meisten dieser Plug-ins speichern personenbezogene Daten auf ihren oder gar externen Servern, die aber allesamt nicht in der EU stehen. Das populäre Plug-in Akismet übermittelt

- alle über das Kommentarformular eingegebenen Daten (Name, E-Mail, Kommentartext etc.) sowie
- die IP-Adresse des Nutzers an externe Server in den USA.

Ein Zusatz-Plug-in muss installiert sein, um die Nutzer vor dem Kommentieren darauf hinzuweisen.

iThemes Security oder Wordfence Security speichern etwa zum Zwecke des Schutzes vor Brute-Force- und DDoS-Angriffen oder Kommentar-Spam auf eigenen Servern IP-Adressen. Die NinjaFirewall speichert IP-Adressen im Firewall-Log. Diese können Sie aber in den Firewall-Optionen anonymisieren. Für andere Plug-ins gibt es im Kontextmenü weitere Optionen zum Abschalten oder Modifizieren unerwünschter Weitergabe. Hier ist Folgendes zu tun:

1. Klären Sie im internen Bereich Ihrer WordPress-Webseite, welche Plug-ins Sie benutzen;

2. Besprechen Sie mit Ihrem IT-Fachmann, welche dieser Plug-ins Sie benötigen und

   - welche Sie deinstallieren können bzw.
   - wo es im internen Benutzer-Kontextmenü hierzu Möglichkeiten gibt, die Weitergabe auszuschließen oder jedenfalls einzuschränken;

3. Was übrig bleibt, nehmen Sie in Ihre Datenschutzerklärung auf und erörtern dies unter Zuhilfenahme der Angaben des jeweiligen Anbieters über dessen Datenschutzpolitik.

II. Muster für eine Datenschutzerklärung

Im Folgenden möchten wir Ihnen ein Muster für eine Datenschutzerklärung zur Verwendung auf Webseiten geben. Wofür ist dieses Muster hilfreich? Zeit für ein bisschen Wiederholung des zum Datenschutz auf der Webseite vorstehend Erläuterten.

Transparenz

Transparenz wird im Datenschutzrecht groß geschrieben. Dies zeigt auch ein Blick in Art. 12 Abs. 1 DSGVO, worin es heißt, dass der Verantwortliche **geeignete Maßnahmen** treffen muss, um der betroffenen Person alle Informationen, die sich auf die Verarbeitung beziehen, *„in präziser, transparenter, verständlicher und leicht zugänglicher Form in einer klaren und einfachen Sprache zu übermitteln", wobei die Übermittlung „schriftlich oder in anderer Form, gegebenenfalls auch elektronisch"* zu erfolgen habe. Darüber hinaus kann sich die **Pflicht zur Bereithaltung der Informationen** aber auch aus anderen Gesetzen ergeben. So normiert § 13 Abs. 1 Telemediengesetz (TMG) beispielsweise eine Pflicht für Diensteanbieter wie Webseitenbetreiber, dass der *„Nutzer zu Beginn des Nutzungsvorgangs über Art, Umfang und Zwecke der Erhebung und Verwendung personenbezogener Daten (...) in allgemein verständlicher Form zu unterrichten"* ist.

Inhalt einer Datenschutzerklärung

Der Inhalt ist Kern also immer derselbe: Der Betroffene soll sich einen **Einblick in den gesamten Datenverarbeitungsprozess** verschaffen können. Zugleich soll er auch **über seine Rechte informiert** werden. All diese Informationen können dem Betroffenen mittels einer Datenschutzerklärung übermittelt werden, die auf die folgenden Fragen Antwort geben sollte:

• Welche Arten von personenbezogenen Daten werden erhoben?

- Sind ggf. Zugriffsrechte erforderlich?
- Zu welchem Zweck werden die Daten erhoben?
- Auf welcher rechtlichen Grundlage erfolgt die Datenverarbeitung?
- Wie lange werden die Daten gespeichert
- und unter welchen Umständen werden sie wieder gelöscht?
- Wird das Nutzerverhalten ausgewertet?
- Werden Daten an Dritte übermittelt?
- Wie kann der App-Nutzer Sie kontaktieren?
- Wie kann der App-Nutzer der Datennutzung widersprechen?
- Welche Konsequenzen hat ein Widerspruch auf die bis dahin rechtmäßig durchgeführte Datenverarbeitung?

Hinweis zum nachfolgenden Muster:

Im Folgenden möchten wir Ihnen nun ein **Muster für Webseitenbetreiber** an die Hand geben, das für eine Unternehmens-Homepage – gleich ob die eines Rechtsanwalts, Steuerberaters oder eines sonstigen Unternehmens – mit den üblichen Basisfunktionen (Cookies, Google Analytics, Facebook Social Plug-in, Newsletter, Registrierungsfunktion, Kontaktformular) erstellt und auf die neuen Anforderungen der europäischen Datenschutz-Grundverordnung abgestimmt wurde.

Beachten Sie bitte, dass eine Datenschutzerklärung in besonderem Maß von Ihrer individuellen Situation abhängig ist und daher an manchen Stellen Anpassungsbedarf bestehen kann. Bereits bei kleinsten Unsicherheiten sollten Sie daher einen auf das Datenschutzrecht spezialisierten Kollegen/Rechtsanwalt einschalten, um eine auf Ihre individuellen Bedürfnisse abgestimmte Datenschutzerklärung zu verfassen.

Muster einer Datenschutzerklärung

Wir, die Kanzlei/Firma ..., bedanken uns für Ihren Besuch auf unserer Homepage. Als ... ist uns der sichere Umgang mit Ihren Daten besonders wichtig. Wir möchten Sie daher hiermit ausführlich über die Verwendung Ihrer Daten bei dem Besuch unseres Webauftritts informieren.

1. Begriffsbestimmungen

Die Datenschutzerklärung der Kanzlei/Firma ... beruht auf den Begrifflichkeiten, die durch den Europäischen Richtlinien- und Verordnungsgeber beim Erlass der Datenschutz-Grundverordnung (DSGVO) verwendet wurden. Unsere Datenschutzerklärung soll sowohl für die Öffentlichkeit als auch für unsere Kunden und Geschäftspartner einfach lesbar und verständlich sein. Um dies zu gewährleisten, möchten wir vorab die verwendeten Begrifflichkeiten erläutern.

Wir verwenden in dieser Datenschutzerklärung unter anderem die folgenden Begriffe:

- **Personenbezogene Daten:** Personenbezogene Daten sind alle Informationen, die sich auf eine identifizierte oder identifizierbare natürliche Person (im Folgenden „betroffene Person") beziehen. Als identifizierbar wird eine natürliche Person angesehen, die direkt oder indirekt, insbesondere mittels Zuordnung zu einer Kennung wie einem Namen, zu einer Kennnummer, zu Standortdaten, zu einer Online-Kennung oder zu einem oder mehreren besonderen Merkmalen, die Ausdruck der physischen, physiologischen, genetischen, psychischen, wirtschaftlichen, kulturellen oder sozialen Identität dieser natürlichen Person sind, identifiziert werden kann.

- **Betroffene Person:** Betroffene Person ist jede identifizierte oder identifizierbare natürliche Person, deren personenbezogene Daten von dem für die Verarbeitung Verantwortlichen verarbeitet werden.

- **Verarbeitung:** Verarbeitung ist jeder mit oder ohne Hilfe automatisierter Verfahren ausgeführte Vorgang oder jede solche Vorgangsreihe im Zusammenhang mit personenbezogenen Daten wie das Erheben, das Erfassen, die Organisation, das Ordnen, die Speicherung, die Anpassung oder Veränderung, das Auslesen, das Abfragen, die Verwendung, die Offenlegung durch Übermittlung, Verbreitung oder eine andere Form der Bereitstellung, den Abgleich oder die Verknüpfung, die Einschränkung, das Löschen oder die Vernichtung.

- **Einschränkung der Verarbeitung:** Einschränkung der Verarbeitung ist die Markierung gespeicherter personenbezogener Daten mit dem Ziel, ihre künftige Verarbeitung einzuschränken.

- **Profiling:** Profiling ist jede Art der automatisierten Verarbeitung personenbezogener Daten, die darin besteht, dass diese personenbezogenen Daten verwendet werden, um bestimmte persönliche Aspekte, die sich auf eine natürliche Person beziehen, zu bewerten, insbesondere, um Aspekte bezüglich Arbeitsleistung, wirtschaftlicher Lage, Gesundheit, persönlicher Vorlieben, Interessen, Zuverlässigkeit, Verhalten, Aufenthaltsort oder Ortswechsel dieser natürlichen Person zu analysieren oder vorherzusagen.

- **Pseudonymisierung:** Pseudonymisierung ist die Verarbeitung personenbezogener Daten in einer Weise, auf welche die personenbezogenen Daten ohne Hinziehung zusätzlicher Informationen nicht mehr einer spezifischen betroffenen Person zugeordnet werden können, sofern diese zusätzlichen Informationen gesondert aufbewahrt werden und technischen und organisatorischen Maßnahmen unterliegen, die gewährleisten, dass die personenbezogenen Daten nicht einer identifizierten oder identifizierbaren natürlichen Person zugewiesen werden.

- **Verantwortlicher oder für die Verarbeitung Verantwortlicher:** Verantwortlicher oder für die Verarbeitung Verantwortlicher ist die natürliche oder juristische Person, Behörde, Einrichtung oder andere Stelle, die allein oder gemeinsam mit anderen über die Zwecke und Mittel der Verarbeitung von personenbezogenen Daten entscheidet. Sind die Zwecke und Mittel dieser Verarbeitung durch das Unionsrecht oder das Recht der Mitgliedstaaten vorgegeben, so kann der Verantwortliche bzw. können die bestimmten Kriterien seiner Benennung nach dem Unionsrecht oder dem Recht der Mitgliedstaaten vorgesehen werden.

- **Auftragsverarbeiter:** Auftragsverarbeiter ist eine natürliche oder juristische Person, Behörde, Einrichtung oder andere Stelle, die personenbezogene Daten im Auftrag des Verantwortlichen verarbeitet.

- **Empfänger:** Empfänger ist eine natürliche oder juristische Person, Behörde, Einrichtung oder andere Stelle, der personenbezogene Daten offengelegt werden, unabhängig davon, ob es sich bei ihr um einen Dritten handelt oder nicht. Behörden, die im Rahmen eines bestimmten Untersuchungsauftrags nach dem Unionsrecht oder dem Recht der Mitgliedstaaten möglicherweise personenbezogene Daten erhalten, gelten jedoch nicht als Empfänger.

- **Dritter:** Dritter ist eine natürliche oder juristische Person, Behörde, Einrichtung oder andere Stelle außer der betroffenen Person, dem Verantwortlichen, dem Auftragsverarbeiter und den Personen, die unter der unmittelbaren Verantwortung des Verantwortlichen oder des Auftragsverarbeiters befugt sind, die personenbezogenen Daten zu verarbeiten.

- **Einwilligung:** Einwilligung ist jede von der betroffenen Person freiwillig für den bestimmten Fall in informierter Weise und unmissverständlich abgegebene Willensbekundung in Form einer Erklärung oder einer sonstigen eindeutigen bestätigenden Handlung, mit der die betroffene Person zu verstehen gibt, dass sie mit der Verarbeitung der sie betreffenden personenbezogenen Daten einverstanden ist.

2. Erfassung von Daten

Die Internetseite der Kanzlei/Firma ... erfasst mit jedem Aufruf der Internetseite durch eine betroffene Person oder ein automatisiertes System eine Reihe von allgemeinen Daten und Informationen. Diese allgemeinen Daten und Informationen werden in den Logfiles des Servers gespeichert. Erfasst werden können die

a) verwendeten Browsertypen und Versionen,

b) das vom zugreifenden System verwendete Betriebssystem,

c) die Internetseite, von welcher ein zugreifendes System auf unsere Internetseite gelangt (sog. Referrer),

d) die Unterwebseiten, welche über ein zugreifendes System auf unserer Internetseite angesteuert werden,

e) das Datum und die Uhrzeit eines Zugriffs auf die Internetseite,

f) eine Internetprotokolladresse (IP-Adresse),

g) der Internet-Service-Provider des zugreifenden Systems und

h) sonstige ähnliche Daten und Informationen, die der Gefahrenabwehr im Fall von Angriffen auf unsere informationstechnologischen Systeme dienen.

Bei der Nutzung dieser allgemeinen Daten und Informationen zieht die Kanzlei/Firma ... keine Rückschlüsse auf die betroffene Person. Diese Informationen werden vielmehr benötigt, um

a) die Inhalte unserer Internetseite korrekt auszuliefern,

b) die Inhalte unserer Internetseite sowie die Werbung für diese zu optimieren,

c) die dauerhafte Funktionsfähigkeit unserer informationstechnologischen Systeme und der Technik unserer Internetseite zu gewährleisten sowie

d) um Strafverfolgungsbehörden im Fall eines Cyberangriffs die zur Strafverfolgung notwendigen Informationen bereitzustellen.

Diese anonym erhobenen Daten und Informationen werden durch die Kanzlei/ Firma ... daher einerseits statistisch und ferner mit dem Ziel ausgewertet, den Datenschutz und die Datensicherheit in unserem Unternehmen zu erhöhen, um letztlich ein optimales Schutzniveau für die von uns verarbeiteten personenbezogenen Daten sicherzustellen. Die anonymen Daten der Server-Logfiles werden getrennt von allen durch eine betroffene Person angegebenen personenbezogenen Daten gespeichert.

3. Gesetzliche oder vertragliche Vorschriften zur Bereitstellung der personenbezogenen Daten; Erforderlichkeit für den Vertragsabschluss; Verpflichtung der betroffenen Person, die personenbezogenen Daten bereitzustellen; mögliche Folgen der Nichtbereitstellung

Wir klären Sie darüber auf, dass die Bereitstellung personenbezogener Daten zum Teil gesetzlich vorgeschrieben ist (z.B. Steuervorschriften) oder sich auch aus vertraglichen Regelungen (z.B. Angaben zum Vertragspartner) ergeben kann. Mitunter kann es zu einem Vertragsschluss erforderlich sein, dass eine betroffene Person uns personenbezogene Daten zur Verfügung stellt, die in der Folge durch uns verarbeitet werden müssen. Die betroffene Person ist beispielsweise verpflichtet, uns personenbezogene Daten bereitzustellen, wenn unser Unternehmen mit ihr einen Vertrag abschließt. Eine Nichtbereitstellung der personenbezogenen Daten hätte zur Folge, dass der Vertrag mit dem Betroffenen nicht geschlossen werden könnte. Vor einer Bereitstellung personenbezogener Daten durch den Betroffenen muss sich der Betroffene an unseren Datenschutzbeauftragten wenden. Unser Datenschutzbeauftragter klärt den Betroffenen einzelfallbezogen darüber auf, ob die Bereitstellung der personenbezogenen Daten gesetzlich oder vertraglich vorgeschrieben oder für den Vertragsabschluss erforderlich ist, ob eine Verpflichtung besteht, die personenbezogenen Daten bereitzustellen, und welche Folgen die Nichtbereitstellung der personenbezogenen Daten hätte.

4. Datenverwendung bei Anmeldung zum E-Mail-Newsletter

Sofern Sie keinen Newsletter anbieten, benötigen Sie den folgenden Abschnitt nicht für Ihre Datenschutzerklärung.

Auf der Internetseite der Kanzlei/Firma ... wird den Benutzern die Möglichkeit eingeräumt, den Newsletter unseres Unternehmens zu abonnieren. Welche personenbezogenen Daten bei der Bestellung des Newsletters an den für die Verarbeitung Verantwortlichen übermittelt werden, ergibt sich aus der hierzu verwendeten Eingabemaske.

Die Kanzlei/Firma ... informiert ihre Kunden und Geschäftspartner in regelmäßigen Abständen im Wege eines Newsletters über Angebote des Unternehmens. Der Newsletter unseres Unternehmens kann von der betroffenen Person grundsätzlich nur dann empfangen werden, wenn

a) die betroffene Person über eine gültige E-Mail-Adresse verfügt und

b) die betroffene Person sich für den Newsletterversand registriert.

An die von einer betroffenen Person erstmalig für den Newsletterversand eingetragene E-Mail-Adresse wird aus rechtlichen Gründen eine Bestätigungsmail im Double-Opt-In-Verfahren versendet. Diese Bestätigungsmail dient der Überprüfung, ob der Inhaber der E-Mail-Adresse als betroffene Person den Empfang des Newsletters autorisiert hat.

Bei der Anmeldung zum Newsletter speichern wir ferner die vom Internet-Service-Provider (ISP) vergebene IP-Adresse des von der betroffenen Person zum Zeitpunkt der Anmeldung verwendeten Computersystems sowie das Datum und die Uhrzeit der Anmeldung. Die Erhebung dieser Daten ist erforderlich, um den (möglichen) Missbrauch der E-Mail-Adresse einer betroffenen Person zu einem späteren Zeitpunkt nachvollziehen zu können und dient deshalb der rechtlichen Absicherung des für die Verarbeitung Verantwortlichen.

Die im Rahmen einer Anmeldung zum Newsletter erhobenen personenbezogenen Daten werden ausschließlich zum Versand unseres Newsletters verwendet. Ferner könnten Abonnenten des Newsletters per E-Mail informiert werden, sofern dies für den Betrieb des Newsletterdienstes oder eine diesbezügliche Registrierung erforderlich ist, wie dies im Fall von Änderungen am Newsletterangebot oder bei der Veränderung der technischen Gegebenheiten der Fall sein könnte. Es erfolgt keine Weitergabe der im Rahmen des Newsletterdienstes erhobenen personenbezogenen Daten an Dritte. Das Abonnement unseres Newsletters kann durch die betroffene Person jederzeit gekündigt werden. Die

Einwilligung in die Speicherung personenbezogener Daten, die die betroffene Person uns für den Newsletterversand erteilt hat, kann jederzeit widerrufen werden. Zum Zweck des Widerrufs der Einwilligung findet sich in jedem Newsletter ein entsprechender Link. Ferner besteht die Möglichkeit, sich jederzeit auch direkt auf der Internetseite des für die Verarbeitung Verantwortlichen vom Newsletterversand abzumelden oder dies dem für die Verarbeitung Verantwortlichen auf andere Weise mitzuteilen.

5. Newsletter-Tracking

Die Newsletter der Kanzlei/Firma ... enthalten sogenannte Zählpixel. Ein Zählpixel ist eine Miniaturgrafik, die in solche E-Mails eingebettet wird, welche im HTML-Format versendet werden, um eine Logdatei-Aufzeichnung und eine Logdatei-Analyse zu ermöglichen. Dadurch kann eine statistische Auswertung des Erfolgs oder Misserfolgs von Online-Marketing-Kampagnen durchgeführt werden. Anhand des eingebetteten Zählpixels kann die Kanzlei/Firma ... erkennen, ob und wann eine E-Mail von einer betroffenen Person geöffnet wurde und welche in der E-Mail befindlichen Links von der betroffenen Person aufgerufen wurden.

Solche über die in den Newslettern enthaltenen Zählpixel erhobenen personenbezogenen Daten werden von dem für die Verarbeitung Verantwortlichen gespeichert und ausgewertet, um den Newsletterversand zu optimieren und den Inhalt zukünftiger Newsletter noch besser den Interessen der betroffenen Person anzupassen. Diese personenbezogenen Daten werden nicht an Dritte weitergegeben. Betroffene Personen sind jederzeit berechtigt, die diesbezügliche gesonderte, über das Double-Opt-In-Verfahren abgegebene Einwilligungserklärung zu widerrufen. Nach einem Widerruf werden diese personenbezogenen Daten von dem für die Verarbeitung Verantwortlichen gelöscht. Eine Abmeldung vom Erhalt des Newsletters deutet die Kanzlei/Firma ... automatisch als Widerruf.

6. Kontaktmöglichkeit über die Internetseite

Die Internetseite der Kanzlei/Firma ... enthält aufgrund von gesetzlichen Vorschriften Angaben, die eine schnelle elektronische Kontaktaufnahme zu unserem Unternehmen sowie eine unmittelbare Kommunikation mit uns ermöglichen, was ebenfalls eine allgemeine Adresse der sogenannten elektronischen Post (E-Mail-Adresse) umfasst. Sofern eine betroffene Person per E-Mail oder über ein Kontaktformular den Kontakt mit dem für die Verarbeitung Verantwortlichen aufnimmt, werden die von der betroffenen Person übermittelten personenbezogenen Daten automatisch gespeichert. Solche auf freiwilliger Basis von einer betroffenen Person an den für die Verarbeitung Verantwortlichen übermittelten personenbezogenen Daten werden für Zwecke der Bearbeitung oder der Kontaktaufnahme zur betroffenen Person gespeichert. Es erfolgt keine Weitergabe dieser personenbezogenen Daten an Dritte.

7. Verwendung von Cookies

Um den Besuch unserer Webseite attraktiv zu gestalten und die Nutzung bestimmter Funktionen zu ermöglichen, verwenden wir auf verschiedenen Seiten sogenannte Cookies. Hierbei handelt es sich um kleine Textdateien, die auf Ihrem Endgerät gespeichert werden. Einige der von uns verwendeten Cookies werden nach Ende der Browser-Sitzung, also nach Schließen Ihres Browsers, wieder gelöscht (sog. Sitzungs-Cookies). Andere Cookies verbleiben auf Ihrem Endgerät und ermöglichen uns, Ihren Browser beim nächsten Besuch wiederzuerkennen (persistente Cookies). Sie können Ihren Browser so einstellen, dass Sie über das Setzen von Cookies informiert werden und einzeln über deren Annahme entscheiden oder die Annahme von Cookies für bestimmte Fälle oder generell ausschließen. Bei der Nichtannahme von Cookies kann die Funktionalität unserer Webseite eingeschränkt sein.

> Wenn Sie Cookies verwenden, sollten Sie die Entwicklung der europäischen e-Privacy-Verordnung beachten! Da sich diese bei Redaktionsschluss noch in Verhandlung befindet, können wir an dieser Stelle die Datenschutzerklärung nur auf das derzeit geltende Recht anpassen.

8. Einsatz von Google (Universal) Analytics zur Webanalyse

> Sofern Sie keine Webanalyse-Systeme verwenden, benötigen Sie den folgenden Abschnitt in Ihrer Datenschutzerklärung nicht.

Diese Webseite benutzt Google (Universal) Analytics, einen Webanalysedienst der Google Inc. (www.google.de). Google (Universal) Analytics verwendet Methoden, die eine Analyse der Benutzung der Webseite durch Sie ermöglichen, wie zum Beispiel sogenannte „Cookies", Textdateien, die auf Ihrem Computer gespeichert werden. Die erzeugten Informationen über Ihre Benutzung dieser Webseite werden i. d. R. an einen Server von Google in den USA übertragen und dort gespeichert. Durch die Aktivierung der IP-Anonymisierung auf dieser Webseite wird dabei die IP-Adresse vor der Übermittlung innerhalb der Mitgliedstaaten der Europäischen Union oder in anderen Vertragsstaaten des

Abkommens über den Europäischen Wirtschaftsraum gekürzt. Nur in Ausnahmefällen wird die volle IP-Adresse an einen Server von Google in den USA übertragen und dort gekürzt. Die im Rahmen von Google Analytics von Ihrem Browser übermittelte anonymisierte IP-Adresse wird nicht mit anderen Daten von Google zusammengeführt.

Sie können die Erfassung der durch das Cookie erzeugten und auf Ihre Nutzung der Webseite bezogenen Daten (inkl. Ihrer IP-Adresse) an Google sowie die Verarbeitung dieser Daten durch Google verhindern, indem Sie das unter dem folgenden Link verfügbare Browser-Plug-in herunterladen und installieren: http://wbs.is/rom89.

Alternativ zum Browser-Plug-in können Sie diesen Link klicken, um die Erfassung durch Google Analytics auf dieser Webseite zukünftig zu verhindern. Dabei wird ein Opt-Out-Cookie auf Ihrem Endgerät abgelegt. Löschen Sie Ihre Cookies, müssen Sie den Link erneut klicken.

> Der Nutzer hat die Möglichkeit, durch Klick auf „diesen Link" in der Datenschutzerklärung ein Opt-Out-Cookie zu setzen. Für das Opt-Out-Cookie muss ein Script immer vor dem eigentlichen Google Analytics-Script im Quelltext eingefügt werden. Wie Sie dies umsetzen können, erfahren Sie auf der Google Analytics Webseite http://wbs.is/rom71.
>
> Wer Webanalyse-Systeme verwendet, verwendet auch Cookies und sollte daher die Entwicklung der europäischen e-Privacy-Verordnung beachten! Da sich diese bei Redaktionsschluss noch in Verhandlung befindet, können wir an dieser Stelle die Datenschutzerklärung nur auf das derzeit geltende Recht anpassen.

9. Verwendung von Social Plug-ins von Facebook unter Verwendung der „2-Klick-Lösung"

> Sofern Sie keine Social-Media-Plug-ins verwenden, benötigen Sie den folgenden Abschnitt in Ihrer Datenschutzerklärung nicht.

Auf unserer Webseite werden sogenannte Social Plug-ins („Plug-ins") des sozialen Netzwerks Facebook verwendet. Dieser Dienst wird von den Unternehmen Facebook Inc. angeboten („Anbieter").

Facebook wird betrieben von der Facebook Inc., 1601 S. California Ave, Palo Alto, CA 94304, USA („Facebook"). Eine Übersicht über die Plug-ins von Facebook und deren Aussehen finden Sie hier: http://wbs.is/rom90.

Um den Schutz Ihrer Daten beim Besuch unserer Webseite zu erhöhen, sind die Plug-ins mittels sogenannter „2-Klick-Lösung" in die Seite eingebunden. Diese Einbindung gewährleistet, dass beim Aufruf einer Seite unseres Webauftritts, die solche Plug-ins enthält, noch keine Verbindung mit den Servern von Facebook hergestellt wird. Erst wenn Sie die Plug-ins aktivieren und damit Ihre Zustimmung zur Datenübermittlung erteilen, stellt Ihr Browser eine direkte Verbindung zu den Servern von Facebook her. Der Inhalt des jeweiligen Plug-ins wird direkt an Ihren Browser übermittelt und in die Seite eingebunden. Durch die Einbindung der Plug-ins erhält Facebook die Information, dass Ihr Browser die entsprechende Seite unseres Webauftritts aufgerufen hat, auch wenn Sie kein Profil bei Facebook besitzen oder gerade nicht eingeloggt sind. Diese Information (einschließlich Ihrer IP-Adresse) wird von Ihrem Browser direkt an einen Server von Facebook in die USA übermittelt und dort gespeichert. Wenn Sie mit den Plug-ins interagieren, z.B. den „Gefällt mir"-Button betätigen, wird die entsprechende Information ebenfalls direkt an einen Server von Facebook übermittelt und dort gespeichert. Die Informationen werden außerdem bei Facebook veröffentlicht und dort Ihren Kontakten angezeigt. Zweck und Umfang der Datenerhebung und die weitere Verarbeitung und Nutzung der Daten durch Facebook sowie Ihre diesbezüglichen Rechte und Einstellungsmöglichkeiten zum Schutz Ihrer Privatsphäre entnehmen Sie bitte den Datenschutzhinweisen von Facebook unter http://wbs.is/rom91.

10. Eingebettete Videos und Bilder von externen Internetseiten

Einige unserer Seiten enthalten eingebettete Inhalte von YouTube oder Instagram. Beim alleinigen Aufrufen einer Seite aus unserem Internetangebot mit eingebundenen Videos oder Bildern aus unserem YouTube- und/oder Instagram-Kanal werden keine personenbezogenen Daten, mit Ausnahme der IP-Adresse, übermittelt. Die IP-Adresse wird im Fall von YouTube an die Google Inc., 600 Amphitheatre Parkway, Mountain View, CA 94043, USA („Google") und im Fall von Instagram an die Instagram Inc., 181 SouthPark Street Suite 2 San Francisco, California 94107, USA („Instagram") übermittelt.

An dieser Stelle sollten all jene Drittanbieter aufgeführt werden, von denen Sie Content in Ihre Webseite einbinden. Wer keinen fremden Content einbindet, benötigt auch diesen Abschnitt in seiner Datenschutzerklärung nicht.

11. Bekanntmachung von Veränderungen

Gesetzesänderungen oder Änderungen unserer internen Prozesse können eine Anpassung dieser Datenschutzerklärung erforderlich machen.

Für den Fall einer solchen Änderung werden wir Ihnen dies spätestens sechs Wochen vor Inkrafttreten mitteilen. Ihnen steht generell (Nr. 6) ein Widerrufsrecht hinsichtlich Ihrer erteilten Einwilligungen zu.

Bitte beachten Sie, dass (sofern Sie keinen Gebrauch von Ihrem Widerrufsrecht machen) die jeweils aktuelle Version der Datenschutzerklärung die gültige ist.

12. Aktualisierung/Löschung Ihrer persönlichen Daten

Sie haben jederzeit die Möglichkeit, die uns zur Verfügung gestellten persönlichen Daten zu überprüfen, zu ändern oder zu löschen, indem Sie uns eine E-Mail an die E-Mail-Adresse ... schicken. Wenn Sie Mitglied bei uns sind, können Sie dort auch den Empfang weiterer Informationen für die Zukunft ausschließen.

Ebenso haben Sie das Recht, einmal erteilte Einwilligungen mit Wirkung für die Zukunft jederzeit zu widerrufen.

Die Löschung der gespeicherten personenbezogenen Daten erfolgt, wenn Sie Ihre Einwilligung zur Speicherung widerrufen.

Der für die Verarbeitung Verantwortliche verarbeitet und speichert personenbezogene Daten der betroffenen Person nur für den Zeitraum, der zur Erreichung des Speicherungszwecks erforderlich ist oder sofern dies durch den Europäischen Richtlinien- und Verordnungsgeber oder einen anderen Gesetzgeber in Gesetzen oder Vorschriften, welchen der für die Verarbeitung Verantwortliche unterliegt, vorgesehen wurde.

Entfällt der Speicherungszweck oder läuft eine vom Europäischen Richtlinien- und Verordnungsgeber oder einem anderen zuständigen Gesetzgeber vorgeschriebene Speicherfrist ab, werden die personenbezogenen Daten routinemäßig und entsprechend den gesetzlichen Vorschriften gesperrt oder gelöscht.

13. Rechte der betroffenen Personen

Jede betroffene Person hat das vom Europäischen Richtlinien- und Verordnungsgeber eingeräumte Recht, von dem für die Verarbeitung Verantwortlichen eine Bestätigung darüber zu verlangen, ob sie betreffende personenbezogene Daten verarbeitet werden. Möchte eine betroffene Person dieses Bestätigungsrecht in Anspruch nehmen, kann sie sich hierzu jederzeit an unseren Datenschutzbeauftragten oder einen anderen Mitarbeiter des für die Verarbeitung Verantwortlichen wenden.

Jede von der Verarbeitung personenbezogener Daten betroffene Person hat das vom Europäischen Richtlinien- und Verordnungsgeber gewährte Recht, jederzeit von dem für die Verarbeitung Verantwortlichen unentgeltliche Auskunft über die zu seiner Person gespeicherten personenbezogenen Daten und eine Kopie dieser Auskunft zu erhalten. Ferner hat der Europäische Richtlinien- und Verordnungsgeber der betroffenen Person Auskunft über folgende Informationen zugestanden:

- die Verarbeitungszwecke

- die Kategorien personenbezogener Daten, die verarbeitet werden

- die Empfänger oder Kategorien von Empfängern, gegenüber denen die personenbezogenen Daten offengelegt worden sind oder noch offengelegt werden, insbesondere bei Empfängern in Drittländern oder bei internationalen Organisationen

- falls möglich die geplante Dauer, für die die personenbezogenen Daten gespeichert werden, oder, falls dies nicht möglich ist, die Kriterien für die Festlegung dieser Dauer

- das Bestehen eines Rechts auf Berichtigung oder Löschung der sie betreffenden personenbezogenen Daten oder auf Einschränkung der Verarbeitung durch den Verantwortlichen oder eines Widerspruchsrechts gegen diese Verarbeitung

- das Bestehen eines Beschwerderechts bei einer Aufsichtsbehörde

- wenn die personenbezogenen Daten nicht bei der betroffenen Person erhoben werden: Alle verfügbaren Informationen über die Herkunft der Daten

- das Bestehen einer automatisierten Entscheidungsfindung einschließlich Profiling gem. Art. 22 Abs. 1 und 4 DSGVO und – zumindest in diesen Fällen – aussagekräftige Informationen über die involvierte Logik sowie die Tragweite und die angestrebten Auswirkungen einer derartigen Verarbeitung für die betroffene Person

Ferner steht der betroffenen Person ein Auskunftsrecht darüber zu, ob personenbezogene Daten an ein Drittland oder an eine internationale Organisation übermittelt wurden. Sofern dies der Fall ist, so steht der betroffenen Person im Übrigen das Recht zu, Auskunft über die geeigneten Garantien im Zusammenhang mit der Übermittlung zu erhalten.

Möchte eine betroffene Person dieses Auskunftsrecht in Anspruch nehmen, kann sie sich hierzu jederzeit an unseren Datenschutzbeauftragten oder einen anderen Mitarbeiter des für die Verarbeitung Verantwortlichen wenden.

Jede von der Verarbeitung personenbezogener Daten betroffene Person hat das vom Europäischen Richtlinien- und Verordnungsgeber gewährte Recht, die unverzügliche Berichtigung sie betreffender unrichtiger personenbezogener Daten zu verlangen. Ferner steht der betroffenen Person das Recht zu, unter Berücksichtigung der Zwecke der Verarbeitung, die Vervollständigung unvollständiger personenbezogener Daten – auch mittels einer ergänzenden Erklärung – zu verlangen.

Möchte eine betroffene Person dieses Berichtigungsrecht in Anspruch nehmen, kann sie sich hierzu jederzeit an unseren Datenschutzbeauftragten oder einen anderen Mitarbeiter des für die Verarbeitung Verantwortlichen wenden.

Jede von der Verarbeitung personenbezogener Daten betroffene Person hat das vom Europäischen Richtlinien- und Verordnungsgeber gewährte Recht, von dem Verantwortlichen zu verlangen, dass die sie betreffenden personenbezogenen Daten unverzüglich gelöscht werden, sofern einer der folgenden Gründe zutrifft und soweit die Verarbeitung nicht erforderlich ist:

- Die personenbezogenen Daten wurden für solche Zwecke erhoben oder auf sonstige Weise verarbeitet, für welche sie nicht mehr notwendig sind.

- Die betroffene Person widerruft ihre Einwilligung, auf die sich die Verarbeitung gem. Art. 6 Abs. 1 Buchst. a) DSGVO oder Art. 9 Abs. 2 Buchst. a) DSGVO stützte, und es fehlt an einer anderweitigen Rechtsgrundlage für die Verarbeitung.

- Die betroffene Person legt gem. Art. 21 Abs. 1 DSGVO Widerspruch gegen die Verarbeitung ein, und es liegen keine vorrangigen berechtigten Gründe für die Verarbeitung vor, oder die betroffene Person legt gem. Art. 21 Abs. 2 DSGVO Widerspruch gegen die Verarbeitung ein.

- Die personenbezogenen Daten wurden unrechtmäßig verarbeitet.

- Die Löschung der personenbezogenen Daten ist zur Erfüllung einer rechtlichen Verpflichtung nach dem Unionsrecht oder dem Recht der Mitgliedstaaten erforderlich, dem der Verantwortliche unterliegt.

- Die personenbezogenen Daten wurden in Bezug auf angebotene Dienste der Informationsgesellschaft gem. Art. 8 Abs. 1 DSGVO erhoben.

Sofern einer der o.g. Gründe zutrifft und eine betroffene Person die Löschung von personenbezogenen Daten, die bei der Kanzlei/Firma ... gespeichert sind, veranlassen möchte, kann sie sich hierzu jederzeit an unseren Datenschutzbeauftragten oder einen anderen Mitarbeiter des für die Verarbeitung Verantwortlichen wenden. Der Datenschutzbeauftragte der Kanzlei/Firma ... oder ein anderer Mitarbeiter wird veranlassen, dass dem Löschverlangen unverzüglich nachgekommen wird.

Wurden die personenbezogenen Daten von der Kanzlei/Firma ... öffentlich gemacht und ist unser Unternehmen als Verantwortlicher gem. Art. 17 Abs. 1 DSGVO zur Löschung der personenbezogenen Daten verpflichtet, so trifft die Kanzlei/Firma ... unter Berücksichtigung der verfügbaren Technologie und der Implementierungskosten angemessene Maßnahmen, auch technischer Art, um andere für die Datenverarbeitung Verantwortliche, welche die veröffentlichten personenbezogenen Daten verarbeiten, darüber in Kenntnis zu setzen, dass die betroffene Person von diesen anderen für die Datenverarbeitung Verantwortlichen die Löschung sämtlicher Links zu diesen personenbezogenen Daten oder von Kopien oder Replikationen dieser personenbezogenen Daten verlangt hat, soweit die Verarbeitung nicht erforderlich ist. Der Datenschutzbeauftragte der Kanzlei/Firma ... oder ein anderer Mitarbeiter wird im Einzelfall das Notwendige veranlassen.

Jede von der Verarbeitung personenbezogener Daten betroffene Person hat das vom Europäischen Richtlinien- und Verordnungsgeber gewährte Recht, von dem Verantwortlichen die Einschränkung der Verarbeitung zu verlangen, wenn eine der folgenden Voraussetzungen gegeben ist:

- Die Richtigkeit der personenbezogenen Daten wird von der betroffenen Person bestritten, und zwar für eine Dauer, die es dem Verantwortlichen ermöglicht, die Richtigkeit der personenbezogenen Daten zu überprüfen.

- Die Verarbeitung ist unrechtmäßig, die betroffene Person lehnt die Löschung der personenbezogenen Daten ab und verlangt stattdessen die Einschränkung der Nutzung der personenbezogenen Daten.

- Der Verantwortliche benötigt die personenbezogenen Daten für die Zwecke der Verarbeitung nicht länger, die betroffene Person benötigt sie jedoch zur Geltendmachung, Ausübung oder Verteidigung von Rechtsansprüchen.

- Die betroffene Person hat Widerspruch gegen die Verarbeitung gem. Art. 21 Abs. 1 DSGVO eingelegt und es steht noch nicht fest, ob die berechtigten Gründe des Verantwortlichen gegenüber denen der betroffenen Person überwiegen.

Sofern eine der o.g. Voraussetzungen gegeben ist und eine betroffene Person die Einschränkung von personenbezogenen Daten, die bei der Kanzlei/Firma ... gespeichert sind, verlangen möchte, kann sie sich hierzu jederzeit an unseren Datenschutzbeauftragten oder einen anderen Mitarbeiter des für die Verarbeitung Verantwortlichen wenden. Der Datenschutzbeauftragte der Kanzlei/Firma ... oder ein anderer Mitarbeiter wird die Einschränkung der Verarbeitung veranlassen.

Jede von der Verarbeitung personenbezogener Daten betroffene Person hat das vom Europäischen Richtlinien- und Verordnungsgeber gewährte Recht, die sie betreffenden personenbezogenen Daten, welche durch die betroffene Person einem Verantwortlichen bereitgestellt wurden, in einem strukturierten, gängigen und maschinenlesbaren Format zu erhalten. Sie hat außerdem das Recht, diese Daten einem anderen Verantwortlichen ohne Behinderung durch den Verantwortlichen, dem die personenbezogenen Daten bereitgestellt wurden, zu übermitteln, sofern die Verarbeitung auf der Einwilligung gem. Art. 6 Abs. 1 Buchst. a) DSGVO oder Art. 9 Abs. 2 Buchst. a) DSGVO oder auf einem Vertrag gem. Art. 6 Abs. 1 Buchst. b) DSGVO beruht und die Verarbeitung mithilfe automatisierter Verfahren erfolgt, sofern die Verarbeitung nicht für die Wahrnehmung einer Aufgabe erforderlich ist, die im öffentlichen Interesse liegt oder in Ausübung öffentlicher Gewalt erfolgt, welche dem Verantwortlichen übertragen wurde.

Ferner hat die betroffene Person bei der Ausübung ihres Rechts auf Datenübertragbarkeit gem. Art. 20 Abs. 1 DSGVO das Recht, zu erwirken, dass die personenbezogenen Daten direkt von einem Verantwortlichen an einen anderen Verantwortlichen übermittelt werden, soweit dies technisch machbar ist und sofern hiervon nicht die Rechte und Freiheiten anderer Personen beeinträchtigt werden.

Zur Geltendmachung des Rechts auf Datenübertragbarkeit kann sich die betroffene Person jederzeit an den von der Kanzlei/Firma ... bestellten Datenschutzbeauftragten oder einen anderen Mitarbeiter wenden.

Jede von der Verarbeitung personenbezogener Daten betroffene Person hat das vom Europäischen Richtlinien- und Verordnungsgeber gewährte Recht, aus Gründen, die sich aus ihrer besonderen Situation ergeben, jederzeit gegen die Verarbeitung sie betreffender personenbezogener Daten, die aufgrund von Art. 6 Abs. 1 Buchst. e) oder f) DSGVO erfolgt, Widerspruch einzulegen. Dies gilt auch für ein auf diese Bestimmungen gestütztes Profiling.

Die Kanzlei/Firma ... verarbeitet die personenbezogenen Daten im Fall des Widerspruchs nicht mehr, es sei denn, wir können zwingende schutzwürdige Gründe für die Verarbeitung nachweisen, die den Interessen, Rechten und Freiheiten der betroffenen Person überwiegen oder der Verarbeitung, Geltendmachung, Ausübung oder Verteidigung von Rechtsansprüchen dienen.

Verarbeitet die Kanzlei/Firma ... personenbezogene Daten, um Direktwerbung zu betreiben, so hat die betroffene Person das Recht, jederzeit Widerspruch gegen die Verarbeitung der personenbezogenen Daten zum Zweck derartiger Werbung einzulegen. Dies gilt auch für das Profiling, soweit es mit solcher Direktwerbung in Verbindung steht. Widerspricht die betroffene Person gegenüber der Kanzlei/Firma ... der Verarbeitung für Zwecke der Direktwerbung, so wird die Kanzlei/Firma ... die personenbezogenen Daten nicht mehr für diese Zwecke verarbeiten.

Zudem hat die betroffene Person das Recht, aus Gründen, die sich aus ihrer besonderen Situation ergeben, gegen die sie betreffende Verarbeitung personenbezogener Daten, die bei der Kanzlei/Firma ... zu wissenschaftlichen oder historischen Forschungszwecken oder zu statistischen Zwecken gem. Art. 89 Abs. 1 DSGVO erfolgen, Widerspruch einzulegen, es sei denn, eine solche Verarbeitung ist zur Erfüllung einer im öffentlichen Interesse liegenden Aufgabe erforderlich.

Zur Ausübung des Rechts auf Widerspruch kann sich die betroffene Person direkt an den Datenschutzbeauftragten der Kanzlei/Firma ... oder einen anderen Mitarbeiter wenden. Der betroffenen Person steht es ferner frei, im Zusammenhang mit der Nutzung von Diensten der Informationsgesellschaft, ungeachtet der Richtlinie 2002/58/EG, ihr Widerspruchsrecht mittels automatisierter Verfahren auszuüben, bei denen technische Spezifikationen verwendet werden.

Jede von der Verarbeitung personenbezogener Daten betroffene Person hat das vom Europäischen Richtlinien- und Verordnungsgeber gewährte Recht, nicht einer ausschließlich auf einer automatisierten Verarbeitung – einschließlich Profiling – beruhenden Entscheidung unterworfen zu werden, die ihr gegenüber rechtliche Wirkung entfaltet oder sie in ähnlicher Weise erheblich beeinträchtigt, sofern die Entscheidung

a) nicht für den Abschluss oder die Erfüllung eines Vertrags zwischen der betroffenen Person und dem Verantwortlichen erforderlich ist, oder

b) aufgrund von Rechtsvorschriften der Union oder der Mitgliedstaaten, denen der Verantwortliche unterliegt, zulässig ist und diese Rechtsvorschriften angemessene Maßnahmen zur Wahrung der Rechte und Freiheiten sowie der berechtigten Interessen der betroffenen Person enthalten oder

c) mit ausdrücklicher Einwilligung der betroffenen Person erfolgt.

Ist die Entscheidung

a) für den Abschluss oder die Erfüllung eines Vertrags zwischen der betroffenen Person und dem Verantwortlichen erforderlich oder

b) erfolgt sie mit ausdrücklicher Einwilligung der betroffenen Person, trifft die Kanzlei/Firma ... angemessene Maßnahmen, um die Rechte und Freiheiten sowie die berechtigten Interessen der betroffenen Person zu wahren, wozu mindestens das Recht auf Erwirkung des Eingreifens einer Person seitens des Verantwortlichen, auf Darlegung des eigenen Standpunkts und auf Anfechtung der Entscheidung gehört.

Möchte die betroffene Person Rechte mit Bezug auf automatisierte Entscheidungen geltend machen, kann sie sich hierzu jederzeit an unseren Datenschutzbeauftragten oder einen anderen Mitarbeiter des für die Verarbeitung Verantwortlichen wenden.

Jede von der Verarbeitung personenbezogener Daten betroffene Person hat das vom Europäischen Richtlinien- und Verordnungsgeber gewährte Recht, eine Einwilligung zur Verarbeitung personenbezogener Daten jederzeit zu widerrufen.

Möchte die betroffene Person ihr Recht auf Widerruf einer Einwilligung geltend machen, kann sie sich hierzu jederzeit an unseren Datenschutzbeauftragten oder einen anderen Mitarbeiter des für die Verarbeitung Verantwortlichen wenden.

14. Rechtsgrundlage der Verarbeitung

Art. 6 Abs. 1 Buchst. a) DSGVO dient unserem Unternehmen als Rechtsgrundlage für Verarbeitungsvorgänge, bei denen wir eine Einwilligung für einen bestimmten Verarbeitungszweck einholen. Ist die Verarbeitung personenbezogener Daten zur Erfüllung eines Vertrags, dessen Vertragspartei die betroffene

Person ist, erforderlich, wie dies beispielsweise bei Verarbeitungsvorgängen der Fall ist, die für eine Lieferung von Waren oder die Erbringung einer sonstigen Leistung oder Gegenleistung notwendig sind, so beruht die Verarbeitung auf Art. 6 Abs. 1 Buchst. b) DSGVO. Gleiches gilt für solche Verarbeitungsvorgänge, die zur Durchführung vorvertraglicher Maßnahmen erforderlich sind, etwa in Fällen von Anfragen zur unseren Produkten oder Leistungen. Unterliegt unser Unternehmen einer rechtlichen Verpflichtung, durch welche eine Verarbeitung von personenbezogenen Daten erforderlich wird, wie beispielsweise zur Erfüllung steuerlicher Pflichten, so basiert die Verarbeitung auf Art. 6 Abs. 1 Buchst. c) DSGVO. In seltenen Fällen könnte die Verarbeitung von personenbezogenen Daten erforderlich werden, um lebenswichtige Interessen der betroffenen Person oder einer anderen natürlichen Person zu schützen. Dies wäre beispielsweise der Fall, wenn ein Besucher in unserem Betrieb verletzt werden würde und daraufhin sein Name, sein Alter, seine Krankenkassendaten oder sonstige lebenswichtige Informationen an einen Arzt, ein Krankenhaus oder sonstige Dritte weitergegeben werden müssten. Dann würde die Verarbeitung auf Art. 6 Abs. 1 Buchst. d) DSGVO beruhen. Letztlich könnten Verarbeitungsvorgänge auf Art. 6 Abs. 1 Buchst. f) DSGVO beruhen. Auf dieser Rechtsgrundlage basieren Verarbeitungsvorgänge, die von keiner der vorgenannten Rechtsgrundlagen erfasst werden, wenn die Verarbeitung zur Wahrung eines berechtigten Interesses unseres Unternehmens oder eines Dritten erforderlich ist, sofern die Interessen, Grundrechte und Grundfreiheiten des Betroffenen nicht überwiegen. Solche Verarbeitungsvorgänge sind uns insbesondere deshalb gestattet, weil sie durch den Europäischen Gesetzgeber besonders erwähnt wurden. Er vertrat insoweit die Auffassung, dass ein berechtigtes Interesse anzunehmen sein könnte, wenn die betroffene Person ein Kunde des Verantwortlichen ist (Erwägungsgrund 47 Satz 2 DSGVO).

15. Berechtigte Interessen an der Verarbeitung, die von dem Verantwortlichen oder einem Dritten verfolgt werden

Basiert die Verarbeitung personenbezogener Daten auf Art. 6 Abs. 1 Buchst. f) DSGVO, ist unser berechtigtes Interesse die Durchführung unserer Geschäftstätigkeit zugunsten des Wohlergehens all unserer Mitarbeiter und unserer Anteilseigner.

16. Der Verantwortliche bzw. Ihr Ansprechpartner

Bei Fragen zur Erhebung, Verarbeitung oder Nutzung Ihrer personenbezogenen Daten, bei Auskünften, Berichtigung, Sperrung oder Löschung von Daten sowie

Widerruf erteilter Einwilligungen oder Widerspruch gegen eine bestimmte Datenverwendung wenden Sie sich bitte direkt an:

Kanzlei/Firma
Straße, Hausnr./Postfach
PLZ Ort
Telefon
Telefax
E-Mail

Stand: ...20..

Kapitel 7: Sicherheit der Datenverarbeitung

I. Grundsatz

Sie wissen es längst: Auch Sie kann es treffen. Unterhalten Sie einen Facebook-Account? Haben Sie zuletzt von Facebook-Freunden über den Messenger auch diese kryptischen Mitteilungen mit angehangenem YouTube-Video erhalten? Haben Sie sich bei der Gelegenheit bewusst gemacht, dass Sie in einer winzigen Sekunde der Unaufmerksamkeit und/oder aus Neugier geklickt haben und sich damit ein Riesenproblem eingehandelt haben könnten?

Hackingangriffe treffen heute jedermann. Und in Ihrem Unternehmen gibt es viele sensible Daten, die abgegriffen werden können: E-Mail-Adressen mit Passwort, Zugangsdaten zum Online-Banking, Interna über Kunden oder sogar Gesundheitsdaten. Damit nicht genug: Lässt ein Architekt sein Tablet liegen, auf dem Baupläne o.Ä. gespeichert ist, könnte das im Extremfall seine Existenz bedrohen; ein Datenschutzverstoß ist das noch nicht. Befinden sich aber Abnahmeprotokolle mit Daten über die beteiligten Vertragspartner, Namen, Adressen, E-Mail-Adresse o.Ä. darauf, ist dies eine meldepflichtige Datenpanne (hierzu im Einzelnen im folgenden Kapitel). Die DSGVO sieht daher verschiedene Maßnahmen und Verfahren vor, die Sicherheit der Verarbeitung zu gewährleisten. Die Stichwörter lauten **„privacy by design"**, d.h., Unternehmen haben ihre IT Systeme schon bei der Anschaffung so auszugestalten, dass sie die Datenschutzgrundsätze beachten, insbesondere Schutz gegen unbefugte Zugriffe bieten, Art. 25 Abs. 1 DSGVO. Auch die Voreinstellungen müssen Datenschutz gerecht zu sein, d.h., die IT Systeme sollen grundsätzlich nur solche personenbezogenen Daten verarbeiten, wie sie für den jeweiligen Zweck erforderlich sind. Sie sollen nur die Daten verarbeiten, die unbedingt benötigt werden. Falls

Grundsatz:
Das Sein
bestimmt das
Bewusstsein

„privacy by
design" und
„privacy by
default"

möglich, soll eine Pseudonymisierung vorgenommen werden. Dieser Grundsatz nennt sich „**privacy by default**" und findet sich in Art. 25 Abs. 2 DSGVO.

Datenschutz ist Chefsache

Wie ein IT- und Datenschutzkonzept aussehen könnte, haben wir in Kap. 2 beschrieben. In diesem Kapitel soll es um die **einzelnen Maßnahmen** gehen, die in der Praxis **Datenschutzpannen** möglichst ausschließen sollen. Denken Sie hierbei an zwei Dinge:

1. In Ihrem Unternehmen müssen Sie mehr tun als zu Hause, um Ihre Daten zu schützen;

2. Datenschutz ist Chefsache! Sie sind der Profi und erfahrene Anwender Ihrer Unternehmens-IT. Der Schutz von Unternehmensinformationen gegen den neugierigen Zugriff Dritter ist Ihr Ding!

WLAN

WLAN bietet zahlreiche **Angriffsmöglichkeiten.** Sie sollten daher überlegen, ob Sie in Ihrem Unternehmen WLAN einsetzen oder Ihr Tablet nicht besser an das Netzwerkkabel anschließen. Die Einrichtung von Hotspots für Kunden oder Mitarbeiter ist nicht zu empfehlen. Dass der Router nach dem Standard WPA2 verschlüsselt sein sollte, versteht sich von selber.

E-Mail-Kommunikation

Tücken lauern auch in der E-Mail-Kommunikation. Dies beginnt beim E-Mail-Versand, wenn eine E-Mail mehrere Empfänger erreichen soll. Gängige E-Mail-Programme speichern die E-Mail-Adresse mit Namen und setzen diese automatisch in die Adresszeile. **Mit anderen Worten:** Hier werden

• nicht nur personenbezogene Daten verarbeitet,

• sondern auch an Dritte weitergereicht,

ohne dass der Betroffene hiermit einverstanden ist. Dies ist **unbedingt zu vermeiden.** E-Mails an mehrere Adressaten mögen bitte separat versandt werden oder in der Adresszeile nur an eine eigene interne E-Mail-Adresse gerichtet sein, wobei die Empfänger-E-Mail Adressen per „Blind Copy" (BCC) so eingesetzt werden können, dass die anderen sie nicht zu sehen.

Eine E-Mail ist **wie eine Postkarte:** Jedermann kann sie lesen. Kein Wunder, dass längst ein heftiger Streit über die Frage entbrannt ist, ob gerade in der Anwaltskanzlei oder bei sonstigen Geheimnisträgern die Kommunikation per unverschlüsselter E-Mail überhaupt zulässig ist. Einige Datenschutzbeauftragte der Bundesländer vertreten die Auffassung, Art. 32 DSGVO verpflichte die angesprochenen Berufsgruppen zur Verschlüsselung von E-Mails. Trage ein Mandant dem Rechtsanwalt per E-Mail ein Mandat an, müsse dieser ihn umgehend auf den Postweg oder den Weg der verschlüsselten Kommunikation verweisen. Eine Einwilligung des Mandanten käme nicht in Betracht. Kein Rechtsanwalt verfügt aber über IT-euphorische Mandanten, die liebend gern beim Mandantenannahmegespräch oder eben auch elektronisch einwilligen, per verschlüsselter E-Mail zu kommunizieren. Dies gilt selbst für den Fall, dass man lediglich übersandte Dateien mit einem Passwort schützt. Der Befund ist einhellig: So etwas will keiner. Sollte ein Mandant die Bitte nach Verschlüsselung äußern, darf der Rechtsanwalt dies selbstverständlich nicht verweigern. Zwingende Gründe, weshalb eine Einwilligung des Mandanten in unverschlüsselte Kommunikation nicht möglich sein soll, werden indes nicht genannt. Mandanten schreiben auch Postkarten, die jeder lesen kann. Sie rufen in der Kanzlei auch nicht selten von unterwegs mit dem Mobiltelefon an und kümmern sich nicht darum, dass jeder Umstehende das Gespräch mitverfolgen kann. Voice-over-IP-Telefonanschlüsse werden derzeit flächendeckend erzwungen. Von diesen sagen Experten auch, man solle nur das am Telefon besprechen, was man bedenkenlos auf eine Postkarte schreiben würde. Unverschlüsselte E-Mails mögen datenschutzrechtlich „bedenklich" und „ungeeignet" sein, unzulässig sind sie **nicht.**

> **Pflicht zur Verschlüsselung?**

Datenschutz heißt nicht nur, unbefugte Zugriffe auf Daten zu verhindern; Thema des Datenschutzes ist nicht minder, Änderungen an oder Löschung von personenbezogenen Daten oder gar ihren Totalverlust zu verhindern. **Datensicherung**

> **Datensicherung**

im Unternehmen ist daher genauso wichtig wie **Zugriffskontrolle**. Wenn Sie jetzt sagen: „Kein Problem, wir wechseln täglich die Bänder", sind sie auf dem besten Weg, das Problem zu werden. Ob die Daten durch die bekannte Datensicherungsroutine tatsächlich „gesichert" werden, prüft niemand. Alter und Beanspruchung, aber auch und gerade die Lagerung machen Datenträger gleich welcher Art über kurz oder lang unbrauchbar. Was, wenn die Datenträger defekt sind? Beim nächsten Festplattencrash folgt dann das böse Erwachen. Sie sollten sich daher Gedanken über einen Rückversicherungstest machen. Noch besser: Sie machen sich Gedanken über eine Datensicherung, die sicher ist. Ob diese über einen externen Netzwerkspeicher, ein sogenanntes NAS, oder über eine Cloud-Lösung erfolgt, besprechen Sie am besten mit ihrem IT Fachmann.

 Checkliste: Cloud-Computing

ToDos bei Nutzung eines Cloudsystems	Anm.
1. Entscheiden Sie sich für eine Cloud-Lösung, überzeugen Sie sich durch die Einsicht in Zertifikate vorher, aber auch während der Nutzung regelmäßig davon, dass Ihr Cloud-Anbieter dem Standard entsprechende TOM vorhält.	
2. Lassen Sie Cloud-Anbieter, deren Server außerhalb der EU stehen, bei Ihrer Wahl außer Betracht.	
3. Die Verbindung zur Cloud muss verschlüsselt sein.	
4. Verschlüsseln Sie Ihre Daten bereits in Ihrem Unternehmen, bevor Sie sie in die Cloud einstellen.	
5. Cloud-Computing befreit nicht von der Datensicherung: Stellen Sie mindestens eine alternative Datensicherung bereit.	

Noch etwas: **Jeden Datenträger sollten Sie verschlüsseln.** Haben Sie eine Ahnung, wie viele Mobiltelefone, Tablets oder Notebooks in Zug oder Taxi abhandenkommen oder vergessen werden? Soweit Sie mit mobilen Geräten arbeiten, und dies tun wir alle, müssen Sie stets mit ihrem Verlust rechnen. Dass Festplatten und Geräte verschlüsselt sein sollten, ist selbstverständlich, reicht aber nicht. Haben Sie etwa ihr Notebook mit einem Passwort versehen, lässt sich dieser Schutz leicht aushebeln, in dem die Festplatte ausgebaut wird. Auch die Festplatte sollte daher eine Verschlüsselung haben. Dies führt im Fall eines Verlusts auch weder zu einer Haftung noch zu einer Mitteilungspflicht gegenüber dem Betroffenen (siehe hierzu Kap. 8).

Geräte und Festplatten verschlüsseln

Es empfiehlt sich, verschiedene Schutzmaßnahmen zu ergreifen:

Einzelne Schutz-maßnahmen

- Virenscanner und Firewall sind weiterhin Pflicht.

- Ein Betriebssystem muss updatefähig sein: Rechner, auf denen noch Windows 7 läuft, sollten Sie so langsam aus dem Verkehr ziehen.

- Stellen Sie sicher, dass Ihre Software immer auf dem neuesten Stand ist.

- Der Einsatz privater USB-Sticks am dienstlichen Rechner ist strikt zu untersagen.

- Das Personal ist zu schulen, Schmuddelseiten im Internet zu meiden, vorsichtig beim Anklicken von Links zu sein und insbesondere E-Mail-Anhänge besonders sorgfältig zu prüfen, ehe sie geöffnet werden.

- Das Niveau der Betrugsmails wird immer höher und diese können auf den ersten Blick sehr häufig nicht mehr vom Original unterschieden werden, wie nachfolgendes, sehr aktuelles **Beispiel** zeigt:

Beispiel „Betrugsmail"   **Beispiel:**

Sie haben (3) ungelesene Nachrichten in Ihrer Mailbox 1&1.

☐ **1&1 Control Center** <postmaster@1und1.de>   14:04 ⎙
An ra@musteranwalt.de

Schnellantwort   Allen antworten   Weiterleiten   Löschen ☰

Sehr geehrter Kunde,

Sie haben (3) ungelesene Nachrichten in Ihrer Mailbox 1&1.

Um eine permanente Schließung Ihres Kontos zu vermeiden, laden wir Sie ein, auf unsere Nachrichten in Ihrem 1&1 Postfach zu antworten.

Dies macht es einfach, Ihre Nachrichten zu lesen:

• Öffnen Sie die Seite https://www.1und1.de/login.

• überprüfen Sie Ihre Nachrichten und folgen Sie den Anweisungen.

Weitere Informationen zu Ihrem Vertrag finden Sie im 1&1 Control Center.

Ich wünsche Ihnen viel Spaß mit 1&1.

Freundliche Grüße.

Sie lehnen sich jetzt beruhigt zurück? *„Ich bin doch gar nicht bei 1&1?"* Weiß das Ihre Azubine auch?

Passwortschutz   Vergeben Sie für Ihre Rechner Passwörter, ja für jeden, auch für Ihren! Diese wechseln Sie alle drei Monate. An den Rechnern darf ruhig die Option „Bildschirmschoner nach

10 Minuten" mit Passwortabfrage aktiviert sein. Wichtig ist, die Datensicherung immer offline präsent zu haben.

Checkliste: IT-Sicherheit für das Büro

Ist meine IT sicher?	Anm.
1. Sorgen Sie für ein Update-und Patch-Management hinsichtlich Software und Betriebssystem; verzichten Sie auf veraltete Versionen von Betriebssystemen.	
2. Wechseln Sie aber auch nie ohne triftigen Grund das Betriebssystem.	
3. Sollten Sie zum Betriebssystemwechsel entschlossen sein, klären Sie die Kompatibilität mit Ihrer übrigen Software.	
4. Sichern Sie Ihr System und alle Geräte gegen die ungewollte Übermittlung von Daten.	
5. Nicht zuletzt: Denken Sie daran, dass mobile Geräte zumeist ein GPS-Modul haben, das den Standort metergenau bestimmen kann; weisen Sie ggf. Ihre Mandanten darauf hin, dass gerade Soziale Netzwerke wie Facebook Bewegungsprofile durch die Nutzung von Smartphones und Tablets erstellen und auch die Kommunikation soweit möglich mitverfolgen. Verzichten Sie auf Mandantenkommunikation per WhatsApp etc.	
6. Denken Sie immer daran: Brain 2.0 ist der wichtigste Schutzmechanismus: Öffnen Sie die Augen vor den Gefahren schrankenloser Kommunikation. Und apropos Schrank: Der Schutz personenbezogener Daten ist nicht allein auf die digitale Welt beschränkt. Ein nicht abgeschlossener Aktenschrank mit Handakten im nicht abgeschlossenen Büro geht gar nicht. Und fällt übrigens auch unter die DSGVO.	

II. Muster eines Datensicherungskonzepts

Im Folgenden möchten wir Ihnen ein Muster für ein Datensicherungskonzept geben. Wofür ist dieses Muster hilfreich?
Zeit für ein bisschen Wiederholung des zum Thema Sicherheit
in der Datenverarbeitung in diesem Kapitel Erläuterten.

Zunehmende Bedeutung: IT-Sicherheit

Ebenso wie Datenschutz ist auch IT-Sicherheit ein Thema,
welches im Zeitalter der Digitalisierung zunehmend an Bedeutung gewinnt. Sicherheitsvorfälle können nicht **nur immense
rechtliche Konsequenzen** nach sich ziehen, sondern auch zu
einem Imageschaden führen. Ein **Datensicherheitskonzept**
soll daher Ihnen in Ihrer Kanzlei/in Ihrem Unternehmen helfen, Datensicherheitsstandards bei Ihnen verbindlich festzulegen und so das **Risiko eines Schadensfalls zu minimieren.**
Im Optimalfall ist das Datensicherheitskonzept ein effektives
Mittel, um Anforderungen an die Datensicherheit auf Ebene
der Unternehmensleitung mit den technischen und organisatorischen Maßnahmen der IT-Mitarbeiter abzustimmen, um
so einen einwandfreien Ablauf sicherstellen zu können.

Denn es gibt viele verschiedene technische Möglichkeiten,
Datensicherungen vorzunehmen. Die Datensicherheit wird
jedoch von diversen Parametern wie dem IT-System, dem
Datenvolumen, der Änderungsfrequenz der Daten oder der
Verfügbarkeitsanforderungen beeinflusst. Denn unterschiedliche Daten haben auch unterschiedliche Sicherungsanfor-
derungen. Ein gutes Datensicherungskonzept berücksichtigt
daher

- die Einflussfaktoren ebenso wie

- die Datenart oder

- Datenrekonstruktionsmöglichkeiten

- und hat auch eine kostenmäßige Umsetzbarkeit der
  Sicherungsmaßnahmen im Blick.

Die Formulierung solcher Konzepte und Richtlinien erfordert ein hohes Maß an technischem, wirtschaftlichen und juristischen Wissen. Eine große Zahl von Details muss beachtet werden, um ein Maximum an Sicherheit zu gewährleisten. Die Erstellung eines solchen Konzepts ist folglich sehr komplex und bedarf einer **ordentlichen Strukturierung und Detailgenauigkeit,** um seinen Zweck als Sicherheitsleitlinie erfüllen zu können. Erst dann kann dessen Umsetzung von der Geschäftsführung des Unternehmens angeordnet werden. Denn die Unternehmensführung ist für die Sicherheit unmittelbar verantwortlich und sollte daher von dieser nicht vernachlässigt werden.

Erforderlich: technisches, wirtschaftliches und juristisches Wissen

Hinweis zum nachfolgenden Muster:

Im Folgenden möchten wir Ihnen nun einen **Leitfaden** zur Erstellung eines Sicherheitskonzepts zur Hand geben. Dieser Leitfaden beschränkt sich ebenso wie das Muster zum Datenschutzkonzept lediglich auf den Aufbau eines solchen Konzepts und enthält **keine** Formulierungsvorschläge, da Konzepte grundsätzlich in hohem Maß **individuell** auf die jeweiligen Datenverarbeitungsprozesse in jedem einzelnen Unternehmen abgestimmt werden müssen und daher inhaltlich nicht verallgemeinerungsfähig sind.

Muster: Datensicherheitskonzepts

I.   Definitionen

Damit beim Lesen und Umsetzen des Sicherheitskonzepts alle Beteiligten von derselben Basis ausgehen, bietet es sich an, das Konzept mit einem Katalog von Definitionen der fachlichen Begriffe zu beginnen, die in dem Konzept eine besondere Bedeutung haben und einheitlich verwendet werden müssen. Beispiele für wichtige Begriffe, die Sie – auch unter Hinzuziehung gesetzlicher Definitionen – näher bestimmen sollten, sind:

- Daten
- Personenbezogene Daten
- Anwendungsdaten
- Systemdaten
- Protokolldaten
- Software
- Verarbeitung
- Datenschutz
- Datensicherheit
- Datensicherung
- Katastrophenschutz
- Vollsicherung
- Inkrementelle Sicherung
- Differentielle Sicherung
- Verlässlichkeit
- etc.

II.   Zweck des Sicherheitskonzepts

Das eigentliche Konzept sollte dann mit einer Beschreibung des Zwecks bzw. des Ziels und der Motivationslage des Leitfadens beginnen, da dies die Basis der folgenden Sicherungsmaßnahmen ist. Allgemein beschrieben ist der Zweck eines solchen Konzepts die Dokumentation der Sicherheitsleitlinien in einem Unternehmen und der in Bezug darauf ergriffenen technischen und organisatorischen Maßnahmen. Weiterhin kann das Konzept im Rahmen einer aufsichtsbehördlichen Prüfung als Anhaltspunkt für den Datensicherheitsstandard in einem Unternehmen herangezogen werden. Dieser Punkt sollte eher allgemein und nicht zu detailliert formuliert werden und bleibt i. d. R. auch dann bestehen, wenn sich Änderungen bei den Regelungen zu den einzelnen Verfahren ergeben.

Typische Motivationslagen sind z.b. die Abhängigkeit der unternehmerischen Tätigkeit vom Datenbestand und der Schutz vor Risiken wie Anwenderfehlern, Hackerangriffen, Hardwarefehlern oder Schadensfällen im eigenen Haus, die zur Beschädigung oder gar zum Verlust der Daten führen können.

III.   Darstellung der Einflussfaktoren

An dieser Stelle Ihres Konzepts sollten Sie darstellen, von welchen Faktoren die Sicherheit in Ihrem IT-System beeinflusst wird. Dabei kommen verschiedene Parameter im Betracht, die im Folgenden beispielartig aufgelistet werden:

- Datenspezifikation
- Rekonstruktionsaufwand ohne Datensicherung
- Vertraulichkeitsbedarf
- Integritätsbedarf
- Datenvolumen
- Änderungsvolumen und Änderungszeitpunkte
- Kenntnisse und Fähigkeiten der IT-Anwender
- etc.

IV.   Beschreibung der Risikolage

Ein Sicherheitskonzept sollte auch immer einen Passus enthalten, der allgemeine Sicherheitsrisiken ebenso beschreibt wie konkrete Gefährdungslagen in dem jeweiligen Unternehmen.

Allgemeine Sicherheitsrisiken sind dabei z.B. Gefahren durch:

- unbewusstes menschliches Fehlverhalten wie falsche Bedienungen aufgrund fehlender IT-Anwenderkenntnisse oder Versehen,
- bewusstes menschliches Fehlverhalten wie Cyberangriffe oder Sabotage,
- technische Komplikationen wie Hardwareprobleme,
- höhere Gewalt wie Feuer, Überschwemmungen oder Erdbeben,
- etc.

V. Datensicherungsplan

Dieser Punkt des Konzepts sollte eine Erläuterung der Verfahren enthalten, die die Geschäftsführung des Unternehmens zur Datensicherheit plant. Dabei wird allgemein zwischen drei Varianten unterschieden:

- Die Volldatensicherung, bei der alle Daten zu einem bestimmten Zeitpunkt auf einem Datenträger gespeichert werden und bei der auch bei erneuten Datensicherungen eine vollständige Sicherung der Daten erfolgt.

- Die inkrementelle Datensicherung, die im Anschluss an die vorhergehende Volldatensicherung erfolgt und bei der nur die Daten gesichert werden, die sich seit der letzten Sicherung verändert haben.

- Die differentielle Datensicherung, bei der zwar ebenfalls eine vorherige Volldatensicherung erfolgt, bei der jedoch die veränderten Daten immer nur in Bezug zur Vollsicherung gespeichert werden.

Dabei ist zunächst die Datenart festzulegen und danach ein Plan unter Berücksichtigung verschiedener Aspekte wie der Art der Datensicherung, der Häufigkeit und dem Zeitpunkt der Datensicherung, dem Datensicherungsmedium oder dem Aufbewahrungsort für das Speichermedium zu berücksichtigen.

Weiterhin sollte der Datensicherungsplan auch Informationen zur Vorgehensweise bei Datenrestaurierungen und zu Restaurierungsübungen sowie zu den Randbedingungen für die Archivierung der Daten enthalten. Weiterhin sollten Sie auch einplanen, dass ein Unternehmen ein arbeitsfähiges Lesegerät für die gespeicherten Daten bereithält und Mitarbeiter zur Datensicherung verpflichtet und erforderliche Schulungen vornimmt.

VI. Technische, organisatorische und personelle Sicherheitsregelungen

Der letzte Punkt des Sicherheitskonzepts stellt letztlich die geplante Reaktion auf die zuvor im Konzept dargestellten Aspekte in Form von technischen, organisatorischen und personellen Maßnahmen dar und ist damit eine Spiegelung des theoretischen Konzepts in die Praxis. Dieser Teil des Sicherheitskonzepts enthält einerseits eine allgemeine Beschreibung der Regelungen zur Datensicherung und andererseits eine Darstellung der technischen Umsetzung dieser allgemeinen Regelungen. Dabei müssen Sie technische, organisatorische und personelle Maßnahmen in einem in Relation zum Schutzzweck angemessenen Aufwand treffen.

Zu den zahlreichen möglichen technischen Maßnahmen gehören z.B. neben der Erstellung eines Datenbestandsverzeichnisses und der Regelung der Vorgehensweise zur Wiederherstellung der Daten auch die folgenden technischen Kontrollmechanismen:

- Zutrittskontrollen (z.B. Sicherung des Gebäudes/der Räume)
- Zugangskontrollen (z.B. Authentifizierungsverfahren)
- Zugriffskontrollen (z.B. Benutzerkennung mit Passwort)
- Weitergabekontrollen (z.B. Verschlüsselungen)
- Eingabekontrollen (z.B. Benutzeridentifikation)
- Auftragskontrollen (z.B. Stichprobenprüfungen)
- Verfügbarkeitskontrollen (z.B. Brandschutzmaßnahmen)
- Trennung der Verarbeitungsprozesse (z.B. getrennte Datenbanken)

Organisatorisch erforderlich ist z.B. die Benennung von Verantwortlichen für jeden Aufgabenbereich und die Ermittlung des Bedarfs an Vertraulichkeit, Integrität und Verfügbarkeit.

Personell sinnvolle Sicherheitsmaßnahmen sind beispielsweise Schulungen der Mitarbeiter zur Durchführung einer zuverlässigen und kompetenten Datensicherung sowie datenschutzbezogene Geheimhaltungs- und Verpflichtungserklärungen.

Dieser Teil des Konzepts bezieht sich letztlich auf die einzelnen Verfahren innerhalb eines Unternehmens, weshalb es nötig sein kann, diese ggf. von Zeit zu Zeit anzupassen.

Kapitel 8: Was tun bei Rechtsverstoß?

I. Meldepflicht bei Datenpannen

Die gesetzliche Regelung ist denkbar einfach:

„Im Falle einer Verletzung des Schutzes personenbezogener Daten meldet der Verantwortliche unverzüglich und möglichst binnen 72 Stunden, nachdem ihm die Verletzung bekannt wurde, diese der [...] zuständigen Aufsichtsbehörde [...]."

Das heißt: **jeder** Datenschutzverstoß löst erst einmal die **Meldepflicht** aus. Sie soll nach Art. 33 Abs. 1 Halbsatz 2 DSGVO der Regelung nur dann entfallen, wenn die Datenpanne *„voraussichtlich nicht zu einem Risiko für die Rechte und Freiheiten natürlicher Personen"* führen wird.

Aus dem Regel-Ausnahme-Prinzip folgt unweigerlich eine **Umkehr der Beweislast**: Der Verantwortliche hat zu beweisen, dass es zu diesem Risiko nicht kommen wird. Meint er dies, sollte er diese Einschätzung sorgsam begründen und dokumentieren.

II. Wann greift die Meldepflicht

Schön und gut. Wann aber verletzt der Verantwortliche oder wer auch immer ihm zurechenbar Handelnde den Schutz personenbezogener Daten?

Antwort: Immer dann, wenn er – beabsichtigt oder unbeabsichtigt – eine ihm obliegende Sicherung verletzt und dies zu

- Datenvernichtung,

- Datenverlust,

- Datenveränderung oder

- Offenlegung von oder unbefugten Zugang zu personenbezogenen Daten führt, die der Verantwortliche verarbeitet.

143

Beispiel:

Beispiel „Melde-
pflicht bei
verlorenem
Datenträger"

Das Tablet oder der USB-Stick, der personenbezogene Daten von Mandanten, Kunden oder Vereinsmitgliedern enthält, geht verloren. Kann ein Risiko nicht ausgeschlossen werden, muss die Datenpanne gemeldet werden, und zwar

- sowohl an die Aufsichtsbehörde

- als auch an die Betroffenen selber, und zwar alle.

Dies gilt übrigens auch dann, sollte sich der Datenträger schnell wiederfinden. Denn können Sie in dem Fall wirklich ausschließen, dass Dritte, wenn auch nur kurz, Zugriff auf die Daten hatten? Siehe hierzu die Hinweise im vorangegangenen Kapitel zur Verschlüsselung von Datenträgern.

Verfahren

Um von einer Datenpanne zu erfahren, muss der Verantwortliche erst einmal sicherstellen, dass er hiervon auch erfährt. **Herausreden** mit der Schutzbehauptung, sein Mitarbeiter habe ihn nicht unterrichtet, **entfällt**.

Die Meldung kann online per Formular oder per E-Mail erfolgen.

Unterlässt der Verantwortliche die Meldung, droht ihm ein **Bußgeld** in nicht ganz unerheblicher Höhe; dies **auch** dann, wenn überhaupt **kein Schaden** entsteht.

Kritik

Diese Regelung ist durchaus umstritten: Einerseits ist anzuerkennen, dass die strenge und bußgeldbewehrte Meldepflicht jeden, den es angeht, dazu anleiten soll, Datenschutz ernstzunehmen, erst recht, wenn er die Pflichten, die ihm die DSGVO auferlegt, nicht hinreichend beachtet. Andererseits dürfte die Regelung, nimmt sie tatsächlich jeder Verantwortliche ernst, zu einem nicht zu bewältigenden Arbeitsaufwand bei den Landesdatenschutzbeauftragten führen, die zwar seit langem gebetsmühlenartig steigenden Personalbedarf anmelden, deren Gebete aber von Finanzministern mit schwindenden Kassen gemeiniglich überhört zu werden pflegen. Es bleibt also abzuwarten, was mit den sicherlich steigenden Fällen einer Meldung tatsächlich geschieht.

Für Sie bedeutet die neue Rechtslage jedenfalls: Erfahren Sie von einer Datenpanne in Ihrem Betrieb,

Maßnah-menplan

1. handeln Sie zügig und sitzen Sie die Sache nicht aus;

2. ziehen Sie einen Fachmann oder besser zwei hinzu: einen ITler und einen Rechtsanwalt, der beurteilen kann, ob und welche rechtliche Inanspruchnahme droht;

3. nutzen Sie den geringen zeitlichen Spielraum, den das Gesetz Ihnen lässt und klären Sie erst mal den Sachverhalt;

4. kommen Sie Ihrer Meldepflicht nach; vermutlich passiert in weniger gravierenden Fällen außer einer Eingangsnachricht nicht mehr viel;

5. prüfen Sie genau, ob Sie auch die Betroffenen benachrichtigen müssen (hierzu sogleich).

Die Meldepflicht besteht, sobald erste belastbare Informationen vorliegen: „Da stimmt etwas nicht." Art. 33 Nr. 4 DSGVO lässt zu, die Behörde schrittweise zu informieren.

Eintritt der Meldepflicht

III. Meldepflicht gegenüber dem Betroffenen

Dass die Behörde informiert werden muss, heißt noch nicht, dass Sie auch zwingend den Betroffenen informieren müssen. Dies müssen Sie nach Art. 34 Nr. 1 DSGVO erst dann, wenn das Risiko eines Eingriffs in dessen persönlichen Rechte und Freiheiten hoch ist. Frage nur: Wann ist es das? Ihre Prognose! Sprechen Sie mit der Datenschutzbehörde und den zugezogenen Fachleuten.

Beispiel:

Verliert Ihr Büroleiter einen USB-Stick mit den Adressdaten, der E-Mail-Adresse und den Kontodaten Ihres Rechtsanwalts, wird sich ein möglicher Schaden in engen Grenzen halten. Diese Daten lassen sich mit an Sicherheit grenzender Wahrscheinlichkeit auch dessen Briefbogen entnehmen. Die Meldepflicht an diesen entfällt. Enthält er aber pikante Foto-

Beispiel „Meldepflicht bei verlorenem Datenträger"

grafien, die nicht für jedermann zugänglich sein sollten, dürfte die Meldepflicht nicht ernstlich in Zweifel stehen.

> **Tipp:**
>
> **Wichtig:** Treffen Sie von vornherein in Ihrer Dokumentation zu den TOM (siehe Kap. 2) vorbeugende Maßnahmen gegen Datenverlust etc., insbesondere die Verschlüsselung Ihrer Datenträger (siehe Kap. 7). Dann dürfen Sie das Privileg des Art. 34 Nr. 3 Satz 1 Buchst. a) DSGVO in Anspruch nehmen: Ist nämlich durch eine solche Maßnahme der Zugriff Dritter auf die Daten nicht möglich, entfällt die Meldung.

Woher weiß ich nun, wer im Einzelnen von einer Datenpanne betroffen sein kann?

Verzeichnis der Verarbeitungstätigkeiten

Nun, wo könnte ich im Fall des Falls nachsehen? Richtig: Im **Verzeichnis der Verarbeitungstätigkeiten,** wo ich im Zweifel zumindest den Personenkreis beschrieben habe, der zu den Betroffenen zählt und der in diesem Fall auch von Datenverlust betroffen sein könnte (vgl. zum Verzeichnis der Verarbeitungstätigkeiten Kap. 2).

Die Information muss in „klarer und einfacher Sprache" beschreiben, was passiert und welche Art der Datenverletzung eingetreten ist. Ferner müssen Sie mitteilen:

*   Namen und Kontaktdaten Ihres Datenschutzbeauftragten oder, falls es keinen gibt, der Aufsichtsbehörde;

*   eine Folgeneinschätzung der Datenpanne und

*   eine Beschreibung der von Ihnen ergriffenen Maßnahmen zur Behebung der „Lücke im System" und Vorschläge zur Abmilderung der „möglichen nachteiligen Auswirkungen".

Und wie soll ich dem Betroffenen die Datenpanne mitteilen?

Musterschreiben: Benachrichtigung an Betroffenen

Folgender Vorgang veranlasst uns leider, uns an Sie zu wenden:

Herr ..., der bisher in unserem Haus Ihr Ansprechpartner für alle Kundenangelegenheiten war, hat uns zum ... verlassen. Uns liegen leider Informationen vor, dass Herr ... Kundendaten aus unserer Kundendatenbank unbefugt gespeichert und auf einem eigenen Datenträger mitgenommen hat, obwohl in unserem Haus eine Richtlinie besteht, dass jede nicht dienstlich veranlasste Nutzung von Kundendaten zu unterbleiben hat. Wir haben Herrn ... durch anwaltliches Schreiben vom ... zur sofortigen Herausgabe des Datenträgers und sofortige Löschung der Daten auf allen in Betracht kommenden Datenträgern aufgefordert und werden bei fruchtlosem Ablauf der gesetzten Frist unverzüglich gerichtliche Maßnahmen ergreifen. Bisher hat Herr ... aber nach unserer Kenntnis nichts unternommen.

Es ist leider zu befürchten, dass Herr ...Ihre Daten ... nutzen wird.

Unsere Datenschutzbeauftragte, Frau ..., erreichbar unter ..., hat vorgeschlagen, ..., um künftig in unserem Unternehmen noch besseren Schutz vor unbefugter Datenspeicherung durch Mitarbeiter zu bieten. Wir werden diese Maßnahmen bis zum ... umsetzen.

Bitte achten Sie ab sofort auf nicht von Ihnen veranlasste Kontotransaktionen.

IV. Schadensersatz und Haftung

Datenverstöße werden künftig richtig teuer. Bisher waren die von den Aufsichtsbehörden verhängten Bußgelder vergleichsweise moderat. Art. 83 Nr. 6 DSGVO sorgen jetzt für einen satten Schluck aus der Pulle: Bis zu 20 Mio. € oder 4 % des gesamten Jahresumsatzes kann es kosten, gegen Datenschutzvorschriften oder Anweisungen der Aufsichtsbehörde zu verstoßen. Auch kleine Unternehmen müssen künftig mit Geldbußen in höherer vierstelliger oder gar fünfstelliger Größenordnung rechnen.

Bußgeld

Schadensersatz und Schmerzensgeld

Darüber hinaus hat jede Person wegen eines Verstoßes Anspruch auf Schadensersatz, so ihr ein materieller oder immaterieller Schaden entstanden ist, Art. 82 Nr. 1 DSGVO. Materielle Schäden sind in Geld zu messen. Dies dürfte bei Datenverstößen eher der Ausnahmefall sein. Immaterielle Schäden beziehen sich auf immaterielle Rechtsgüter wie Ruf oder Gesundheit. Sind immaterielle Schäden zu befürchten, schließt dies Ansprüche auf Schmerzensgeld mit ein.

Beispiel „fehlgeleitetes Fax"

Beispiel:

Ein Verein für Selbsthilfe für an Osteoporose Erkrankte übersendet einem Physiotherapeuten medizinische Daten von Vereinsmitgliedern zur zielgerichteten Durchführung von Gymnastik. Durch einen Zahlendreher kommt das Fax in der Arbeitsstelle eines Vereinsmitglieds an (und dieser Fall ist tatsächlich so passiert!). Hier reden wir über Schmerzensgeldbeträge im mindestens hohen vierstelligen Bereich. Werden allerdings „nur" E-Mails an einen größeren Personenkreis mit offenem Verteiler versandt, wird sich zumindest der immaterielle Schaden in engen Grenzen halten.

Unterlassung

Natürlich ist auch **Unterlassung der rechtswidrigen Handlung** geschuldet, wenn Wiederholungsgefahr, wie in obigem Osteoporose-Fall, zu befürchten ist. Ist eine Datenpanne aber einmal passiert, ist die Wiederholungsgefahr „indiziert. Unterlassung schuldet auch, wer auf seiner Webseite gar keine, eine falsche oder unvollständige Datenschutzerklärung stehen hat oder diese nicht in zwei Klicks erreichbar ist, und zwar gegenüber Mitbewerbern. Wir haben gesehen, dass die Fülle der vom Verantwortlichen zu bewältigenden Informationspflichten exorbitant gestiegen ist. Es steht natürlich zu befürchten, dass ein Heer unterbeschäftigter Rechtsanwälte sich auf tatsächliche oder vermeintliche Rechtsverstöße stürzen wird. **Übergangsfristen gibt es keine!** Die DSGVO gilt seit dem 25.05.2018.

Der Inhaber/Geschäftsführer haftet für Datenschutzverstöße, die er selber begangen hat. Dies betrifft eigene Verfahren und solche, die Mitarbeiter auf Anweisung durchführen oder betreuen. Er haftet aber auch dafür, dass seine Mitarbeiter sich an das Datenschutzrecht halten (sog. „Haftung als Garant„). Eine vollständige Delegation der Haftung auf einen Mitarbeiter ist nicht möglich. Herausreden kann der Geschäftsführer sich auch nicht („Ich wusste von nichts"). Vorsicht Missverständnis: Dass Sie einen Datenschutzbeauftragten bestellen, heißt auch nicht, dass Sie im Fall eines Falls diesem die Schuld in die Schuhe schieben können. Natürlich haftet der Datenschutzbeauftragte für eigene Fehler, und zwar a priori Ihnen gegenüber; aber Sie haften dem Betroffenen gegenüber für jeden Schaden, der entsteht. Haben Sie Empfehlungen des Datenschutzbeauftragten befolgt, besteht im Zweifel Gesamtschuld, d.h., beide haften dem Betroffenen gegenüber im Außenverhältnis gemeinsam. Im Innenverhältnis wird sich in einem solchen Fall allerdings eine volle Haftung des Datenschutzbeauftragten ergeben. Um einer Haftung zu entgehen, müssen Sie ein Datenschutz-Managementsystem im Unternehmen implementieren, TOMs einsetzen und dokumentieren und zuständige Mitarbeiter sorgfältig aussuchen, schulen, instruieren und regelmäßig überwachen.

Haftung des Inhabers/ Geschäftsführers

V. Fotos im Internet

Wir haben im Eingangskapitel ein Beispiel kennengelernt, wie leichtfertig in Vereinen mitunter mit personenbezogenen Daten umgegangen wird. Hier soll es um Fotografien gehen. Denn woran die wenigsten denken: Fotos, die Personen abbilden, enthalten personenbezogene Daten und sind daher nicht nur urheberrechtlich, sondern auch datenschutzrechtlich relevant. Ob das Foto namentlich untertitelt ist oder nicht: Identifizierbar ist diese Person in jedem Fall. Auch eine Verpixelung der Gesichtszüge hilft nicht, denn oft reicht ein Kleidungsstück zur Identifizierung aus.

Fotos enthalten personenbezogene Daten

149

Recht am
eigenen Bild

Also? In Kapitel 4 haben wir schon gehört, dass der Arbeitgeber ausdrücklich eine **Einwilligung** braucht, will er Fotos seiner Mitarbeiter auf die Firmenhomepage nehmen. Dies gilt gem. § 22 KUG grundsätzlich für die Veröffentlichung aller Bildnisse einer Person. Jedermann hat ein **Recht am eigenen Bild.**

Ausnahmen:

- Der Abgebildete ist hierfür entlohnt worden, dann gilt die Einwilligung „im Zweifel" als erteilt.

- Zehn Jahre nach dem Ableben des Abgebildeten, vorher bedarf es der Einwilligung der Angehörigen.

Nach § 23 KUG sind Bildnisse „aus dem Bereich der Zeitgeschichte" einwilligungsfrei. Wann dies zutrifft, ist hochumstritten und sehr stark einzelfallabhängig. Außerdem bedarf es keiner Einwilligung, wenn die Nach § 23 KUG sind Bildnisse „aus dem Bereich der Zeitgeschichte" einwilligungsfrei. Wann dies zutrifft, ist hochumstritten und sehr stark einzelfallabhängig. Außerdem bedarf es keiner Einwilligung, wenn die abgebildete Person nur gelegentlich „als Beiwerk" oder anlässlich einer Versammlung erfasst wurde.

Hierbei handelt es sich jedoch um eng begrenzte Ausnahmefällen, deren Voraussetzungen wiederum in der Juristerei im Einzelfall hochstreitig sind und somit immer ein Restrisiko besteht, was ein Gericht aus ihnen macht.

Hierzu ein **Beispiel**, welche Achterbahn ein solcher Prozess nehmen kann:

Beispiel
„Prominenter
als Zeitge-
schichte"

Die Bild-Zeitung hatte Berlins Ex-Regierenden Klaus Wowereit im Promi-Restaurant „Paris-Bar" geknipst, und angemerkt, wie entspannt er sich mit Freunden „einen Drink in der Paris-Bar" genehmigt habe. Er ging dagegen vor und bekam vor dem LG Berlin und dem KG Recht. Der BGH hat dann mit Urteil vom 27.09.2016 – VI ZR 310/14 entschieden, dass das Recht Wowereits am eigenen Bild durch die Bild-Zeitung nicht verletzt sei. Diese habe die Bilder Wowereits zeigen dürfen, da sie dem Bereich der sogenannten Zeitgeschichte zuzuordnen seien. Auch bei dem beanstandeten Foto handle es sich um ein Bildnis der Zeitgeschichte i.S.d. § 23 Abs. 1 Nr. 1 KUG.

Derselbe Senat des BGH hielt zuvor in einem Urteil vom 08.04.2014 – VI ZR 197/13 Fotos von Mietern, die eine Wohnungsbaugenossenschaft anlässlich eines Mieterfests geknipst und dann in einer Informationsbroschüre veröffentlicht hatte, für einwilligungsfrei. Das Mieterfest gehöre auch in den Bereich der Zeitgeschichte i.S.v. § 23 Abs. 1 Nr. 1 KUG. Elfriede Kneffelmann und Kuno Dummbrot als Zeitgeschichte? Die Fachwelt war erstaunt und kommentierte dieses Urteil dann auch sehr zurückhaltend, insbesondere sei es kein Freibrief dafür, künftig von jeder Festivität Fotos ohne Wissen und Zustimmung der Fotografierten zu veröffentlichen. Das Foto sei nur einem überschaubaren und begrenzten Personenkreis dargestellt worden. Hätte die Wohnungsgenossenschaft das Foto auf ihrer Webseite veröffentlicht, wäre die Entscheidung wohl anders ausgegangen.

Beispiel
„Private als
Zeitgeschichte"

Tipp:

Wer kann da noch prognostizieren, wie ein Rechtsstreit ausginge? Im Zweifel sollten Sie sich also eine Einwilligung einholen, wenn Sie Fotos ins Netz stellen wollen, auf dem fremde Personen zu sehen sind. Dass es sich hierbei um **eigene Fotos** handelt, wollen wir einmal voraussetzen, ansonsten müssten wir noch einiges zu den Folgen einer Urheberrechtsverletzung ausführen, was hier den Rahmen sprengen würde. Dies gilt im Übrigen auch bei einer Wettkampfveranstaltung, bei dem Sie für die Vereins-Webseite Fotos schießen. Selbstverständlich sind vorher die Sportler bzw. deren Erziehungsberechtigte um Einwilligung zu fragen.

Muster: Einwilligung zur Verwendung von Personenabbildungen

Hiermit willige ich,

Herr/Frau ...

wohnhaft ...

geb. am ...

Erziehungsberechtigte(r) von: ... _____

(Name des minderjährigen Kindes)

in die Anfertigung, Nutzung und Veröffentlichung von mir/meines minderjährigen Kindes ...

durch ...

ein. Die Einwilligung gilt für die Verwendung der Fotos für nachfolgende Zwecke:

1. Veröffentlichung und Verbreitung in den Publikationen des Vereins;

2. Veröffentlichung im Internet auf den Internetseiten des Vereins;

3. Information der Presse zur Berichterstattung über ...

Die Einräumung der Rechte erfolgt vergütungsfrei und umfasst das Recht zur Bearbeitung, soweit die Bearbeitung nicht entstellend ist. Meine Einwilligung ist bei Einzelabbildungen jederzeit für die Zukunft widerruflich. Bei Mehrpersonenabbildungen ist meine Einwilligung unwiderruflich, sofern nicht eine Interessenabwägung eindeutig zu meinen Gunsten ausfällt. Im Fall des Widerrufs dürfen entsprechende Einzelabbildungen zukünftig nicht mehr für die o.g. Zwecke verwendet werden und sind unverzüglich aus den entsprechenden Veröffentlichungen zu löschen.

_____

Ort, Datum

Kapitel 9: Brauchen wir einen Datenschutzbeauftragten?

I. Es geht um Selbstkontrolle

Hätten Sie es gewusst? Der Datenschutzbeauftragte ist im Grunde eine deutsche Erfolgsgeschichte und Sinnbild der datenschutzrechtlichen **Selbstkontrolle** von Unternehmen, die sich nunmehr mit Art. 37 bis 39 DSGVO europaweit durchgesetzt hat. Der Datenschutzbeauftragte hat eine hervorgehobene Position im Unternehmen, seine Kontaktdaten müssen öffentlich sein und er ist erster Ansprechpartner für alle betrieblichen Fragen des Datenschutzes sowohl für das Unternehmen als auch für den Betroffenen als auch, im Fall einer Datenpanne, für die Aufsichtsbehörde. Er unterstützt den Verantwortlichen bei der Erfüllung seiner datenschutzrechtlichen Pflichten. Seine hervorgehobene Stellung fußt auch darauf, dass er **weisungsfrei** arbeitet, Art. 38 Nr. 3 Satz 1 DSGVO. Er darf „wegen der Erfüllung seiner Aufgaben" weder abberufen noch benachteiligt werden, Art. 38 Nr. 3 Satz 2 DSGVO und Art. 37/38 BDSG.

Selbstkontrolle: Einführung

Wie wird jemand Datenschutzbeauftragter? Er wird vom Verantwortlichen „ernannt", Art. 37 Nr. 1 DSGVO. Dies bedeutet wie bisher, dass er vertraglich gegen eine Vergütung zur Ausübung dieses Amts verpflichtet wird. Dies kann ein Angestellter oder ein externer Fachmann sein. **Der Verantwortliche selber kann dies nicht sein,** wer kontrolliert sich schon gerne und effektiv selber? Ernennt er einen Angestellten, sollte dieser keine andere entscheidende Aufgabe im Unternehmen wahrnehmen und alles ausschließen, um die Gefahr von Interessenkollisionen auszuschließen. Nicht nur der „Chef", sprich: Inhaber, Vorstand, Geschäftsführer und Gesellschafter scheiden aus, auch der Leiter IT, der Leiter der Personalabteilung und i.d.R. auch der Vertriebsleiter.

Stellung des Datenschutz-beauftragten

Merke:

Die DSGVO schreibt nicht im Einzelnen vor, **welche Qualifikation** ein Datenschutzbeauftragter haben muss. Nach Art. 37 Nr. 5 DSGVO wird er „aufgrund seiner beruflichen Qualifikation und insbesondere des Fachwissens benannt". Was dies konkret heißt, wird nicht erläutert. Denken Sie aber darüber nach, einen Datenschutzbeauftragten aus Ihrem Unternehmen zu bestellen, sollte dieser Kenntnisse über Datenverarbeitung und die Funktionsweise der bei Ihnen eingesetzten Datenverarbeitungssysteme haben, denn er soll ja Datenschutz- und Datensicherheitsmaßnahmen vorschlagen und ist sozusagen der „Wächter" über die zu verarbeitenden Daten. Ohne technisches Verständnis wird es nicht gehen, das er sich insbesondere als Volljurist auch in Lehrgängen aneignen kann. Er soll nicht zuletzt im Bereich Datenschutz auch Mitarbeiter schulen.

II. Wann muss ich einen Datenschutzbeauftragten einsetzen?

Pflicht zur
Bestellung

Die spannende Frage beantworten wir jetzt: Wann muss ich denn nun einen Datenschutzbeauftragten einsetzen? Hierzu folgende Checkliste:

Checkliste: Erfordernis eines Datenschutzbeauftragten

Muss ich einen Datenschutzbeauftragten einsetzen?	Anm.
1. Sind in meiner Kanzlei/meinem Unternehmen/ meinem Verein mindestens zehn Personen damit beschäftigt, automatisiert personenbezogene Daten zu verarbeiten? **Vorsicht:** Hier zählt jeder Kopf, egal ob bezahlt, im Arbeitsverhältnis oder freischwebender Künstler, geringfügig beschäftigt oder in Vollzeit angestellt. **Beispiel:** In unserem oben schon erwähnten Verein zur Selbsthilfe für an Osteoporose Erkrankte gibt es in der Geschäftsstelle einen Geschäftsführer, eine Vollzeitangestellte und eine stundenweise angestellte Schreibhilfe. Dazu arbeitet der Verein den Selbsthilfegruppen vor Ort zu und teilt den freiberuflich tätigen und selbständig gegenüber den Krankenkassen abrechnenden Physiotherapeuten die Teilnehmerdaten für die einzelnen Gymnastikkurse mit. Dies sind gegenwärtig mindestens sieben an der Zahl. Damit ist die Grenze von zehn Personen, die sich aus § 38 BDSG ergibt, geknackt. Der Rechtsanwalt, der diesen Verein berät, sollte ihm den Rat erteilen, einen Datenschutzbeauftragten zu ernennen, was sich auch daraus ergeben könnte, hier aber nicht entschieden werden muss, dass besonders geschützte (Gesundheits-)Daten verarbeitet werden. Siehe hierzu sogleich.	

2.	Falls nein: verarbeiten wir in der Kanzlei/im Unternehmen/im Verein besonders geschützte Daten i. S. d. Art. 9 Nr. 1 DSGVO, d.h. Daten, – aus denen die rassische oder ethnische Herkunft hervorgeht; – die auf eine politische Meinung oder Gewerkschaftszugehörigkeit hindeuten; – die die religiöse oder weltanschauliche Überzeugung offenlegen; – genetischen, biometrischen Ursprungs; – zur Gesundheit oder – zum Sexualleben des Betroffenen?	
3.	Falls ja: Gehört dies zum **Kernbereich** der Kanzlei/des Unternehmens/des Vereins? Dies ist dann der Fall, wenn sonst der Zweck des Unternehmens/Vereins nicht erreicht werden könnte. „Kerntätigkeit" bezieht sich hierbei nach Erwägungsgrund 97 **nur** auf die Haupttätigkeit des Unternehmens und nicht auf die Verarbeitung personenbezogener Daten als Nebentätigkeit. **Beispiel:** Es braucht also nicht jeder Boxverein, der eine Nachwuchshoffnung namens „Muslim" trainieren lässt, allein deshalb einen Datenschutzbeauftragten. Dasselbe gilt für Arztpraxen oder Brillenverkäufer, deren Kerntätigkeit es nicht ist, sensible Daten zu speichern, und welche dies auch nicht umfangreich tun. Auch o.g. Verein zur Selbsthilfe für an Osteoporose Erkrankte wird deshalb keinen Datenschutzbeauftragten benötigen, wenn er weniger als zehn Leute zur automatisierten Datenverarbeitung einsetzt. Anders wird dies sicherlich bei einem Prothesen- oder Hörgerätehersteller sein, der ohne die entsprechenden Daten seiner Kunden nicht tätig werden könnte.	

4. Falls nein: Gehört es zur Kerntätigkeit des Unternehmens, Personen regelmäßig und systematisch zu überwachen? **Beispiel:** Privatdetekteien, Wirtschaftsauskunfteien, Inkassobüros. In diesem Fall benötigen Sie unabhängig von der Beschäftigtenzahl einen Datenschutzbeauftragten.	

Merke:

Nicht zuletzt: Ein Datenschutzbeauftragter muss Ihrer zuständigen Aufsichtsbehörde **gemeldet** werden. Tun Sie es nicht, drohen Bußgelder.

Kapitel 10: Datenschutzpflichten des Anwalts

I. Datenschutzpflichten des Anwalts bei der Mandatsübernahme

Zeit, das in den vorhergehenden Kapiteln Besprochene zu reflektieren und auf das Alltägliche in Ihrer Anwaltskanzlei anzuwenden. Die Basis Ihrer Tätigkeit ist das Verhältnis zu Ihren Mandanten. Am Beginn der Zusammenarbeit des Rechtsanwalts mit seinem Mandanten stehen:

- eine Informationspflicht – die Pflicht des Anwalts, seinen Mandanten über den Umfang der zu verarbeitenden Daten zu informieren – und

- eine Belehrungspflicht – die Pflicht des Anwalts, seinen Mandanten über seine Rechte im Hinblick auf die Einhaltung der datenschutzrechtlichen Vorschriften zu belehren.

Der Mandant ist bereits zu Beginn des Mandatsverhältnisses gem. Art. 13 DSGVO über Art und Umfang der erhobenen Daten zu informieren.

Zeitpunkt

> **Tipp:**
> Dies umfasst bereits handschriftliche Aufzeichnungen im Rahmen des Mandatsaufnahmegesprächs (vgl. hierzu Kap. 1).

Zweckmäßig ist es daher, jedem Mandanten schon vor Annahme des Mandats ein **Merkblatt** auszuhändigen,

Aushändigen eines Merkblatts vor Mandatsannahme

1. das Informationen zum Datenschutz enthält und

2. dem Mandanten insbesondere Angaben über

   - Art und Umfang der zu speichernden Daten,

- über deren mögliche Weitergabe an Dritte und
- über seine Datenschutzrechte zu machen.

Einwilligungen einholen!

Wir empfehlen dringend,

- von Ihrem Mandanten die Einwilligung in die Weiterverarbeitung der Mandantendaten gem. Art. 6 Abs. 1 DSGVO einzuholen;

- den Mandanten zu fragen, ob er die Kommunikation über unverschlüsselte E-Mails wünscht und sich die diesbezügliche Einwilligung erteilen zu lassen;

- und für den Fall, dass Sie dem Mandanten Serienrundmails oder Geburtstagsgrüße per E-Mail schicken möchten, eine diesbezügliche (erforderliche) Einwilligung einzuholen.

 Checkliste für die Datenschutz-Mandantenbelehrung

Inhalte der Datenschutzbelehrung	Anm.
1. Angaben zu Art und Umfang der Daten, die gespeichert werden (Name, Anschrift, E-Mail-Adresse, Telefonnummer);	
2. Einwilligung zur unverschlüsselten E-Mail-Kommunikation, falls vom Mandanten gewünscht;	
3. Angaben zu den Zwecken, für die die personenbezogenen Daten verarbeitet werden;	
4. Angabe des Namens und der Kontaktdaten eines Verantwortlichen innerhalb der Kanzlei für die Datenerhebung;	
5. Angabe des Namens und der Kontaktdaten des Datenschutzbeauftragten, falls vorhanden;	

Inhalte der Datenschutzbelehrung	Anm.
6. falls die Verarbeitung auf Art. 6 Nr. 1 Buchst. f) DSGVO beruht, die Benennung der berechtigten Interessen für die Verarbeitung personenbezogener Daten des Mandanten;	
7. Angaben zur möglichen Weitergabe der personenbezogenen Daten und an welche Kategorien von Empfängern (Gericht, Gegner, Sachverständige) diese weitergegeben wurden;	
8. Angaben zur Dauer, für die die personenbezogenen Daten gespeichert werden;	
9. die Belehrung des Mandanten über sein Recht auf Auskunft über die gespeicherten Daten, Art. 15 DSGVO, sowie sein Recht, gem. Art. 20 DSGVO seine personenbezogenen Daten, die er der Kanzlei zur Verfügung gestellt hat, in einem strukturierten, gängigen und maschinenlesbaren Format ausgehändigt zu erhalten oder die Übermittlung an einen von ihm genannten Verantwortlichen zu verlangen;	
10. die Belehrung über sein Recht auf Berichtigung oder Löschung oder auf Einschränkung der Weiterverarbeitung gem. Art. 16, 17 DSGVO,	
11. die Belehrung über das Recht, seine Einwilligung zur Speicherung und Kommunikation per E-Mail jederzeit zu widerrufen	
12. sowie die Belehrung über sein Recht, sich gegenüber einer Aufsichtsbehörde über die Verletzung von Datenschutzbestimmungen zu beschweren.	

Tipp:

Grundsätzlich ist ein **Hinweis** an den Mandanten sinnvoll, dass eine angemessene anwaltliche Beratung und Vertretung nur unter der Voraussetzung der Erhebung zumindest eines Grundkanons an Daten, unter Beachtung des Grundsatzes der Datensparsamkeit im Übrigen, gewährleistet werden kann. Natürlich darf und sollte die Kanzlei auch auf eigene Interessen für die Datenverarbeitung verweisen, etwa die Sicherstellung der Kommunikation und nicht zuletzt die Rechnungsstellung.

Wichtig:
Lassen Sie sich den Erhalt des Infoblatts vom Mandanten schriftlich bestätigen.

II. Der Mandatsaufnahmebogen nach DSGVO

Empfehlung:
Mandanten-
Informations-
blatt

In der Regel wissen die Mandanten nicht, was jeweils zu tun ist. Es empfiehlt sich, dem Mandanten ein **Informationsblatt** zur Verfügung zu stellen, das er

- entweder unmittelbar von der Kanzleiwebseite herunterladen oder

- aus der Kanzlei mit nach Hause nehmen kann.

Der Mandant wird dies als Serviceleistung zu schätzen wissen. Zugleich kann es der Mandant bei später auftretenden Fragen konsultieren und muss nicht noch einmal in der Kanzlei anrufen.

Muster: Mandantenhinweise nach DSGVO

Aufklärung gem. Art. 13 Datenschutzgrundverordnung (DSGVO)
und Einwilligungserklärung zur Weiterverarbeitung Ihrer Daten
gem. Art. 6 DSGVO

Sehr geehrte Mandantin, sehr geehrter Mandant,

anbei darf ich Sie gem. Art. 13 DSGVO über die Weiterverarbeitung Ihrer Daten informieren.

Ihr Verantwortlicher für die Verarbeitung Ihrer Daten bin ich:

Frau Rechtsanwältin .../Herr Rechtsanwalt ...

Verarbeitungszwecke und Rechtsgrundlage: Die Datenverarbeitung Ihrer personenbezogenen Daten erfolgt gem. Art. 6 Nr. 1 Buchst. b) DSGVO ausschließlich zum Zweck der Rechtsverfolgung im Rahmen des Mandats. Der von mir verfolgte Zweck der Datenverarbeitung ist die Geltendmachung Ihrer Rechte und der Beitreibung Ihrer Forderungen. Die Verarbeitung Ihrer Daten ist für die Erfüllung unseres Vertrags erforderlich, da ich ansonsten das Mandat nicht ordnungsgemäß betreiben könnte und hierzu auch die Kommunikation gehört. Darüber hinaus ist die Datenverarbeitung nach Art. 6 Nr. 1 Buchst. f) DSGVO zur Wahrung meiner berechtigten Interessen oder der eines Dritten erforderlich. Meine berechtigten Interessen bestehen in Zusammenhang mit der Geltendmachung und Beitreibung der Forderung und abschließenden Rechnungslegung.

Datenkategorien und Datenherkunft: Ich verarbeite nachfolgende Kategorien von Daten: Stammdaten, Kommunikationsdaten, Vertragsdaten, Buchungsdaten, Forderungsdaten, Vermögenswertdaten. Diese Daten werden mir von Ihnen übermittelt.

Empfänger: Ihre Daten werde ich ausschließlich im Rahmen des Mandats verarbeiten und ggf. folgenden Kategorien von Empfängern, denen die personenbezogenen Daten offenzulegen sein werden, übermitteln, sofern dies zur Geltendmachung der Forderung erforderlich ist: Behörden (z.B. Gerichte, Gerichtsvollzieher, Einwohnermeldeämter), Drittschuldnern, Prozessbevollmächtigten (von Gegnern, Drittschuldnern, sonstigen Dritten), Rechtsanwälten (z.B. Unterbevollmächtigte, Verkehrsanwälte), Abtretungsempfängern, Arbeitgebern, Versicherungen und ggf. weiteren Dritten (z.B. Steuerberater, Finanzamt usw.).

Dauer der Speicherung: Nach Beendigung der Angelegenheit und Zahlung meiner Gebühren werde ich die nicht gesetzlichen Aufbewahrungspflichten unterliegenden Daten umgehend löschen, im Übrigen die gesetzlichen Fristen zu beachten haben, ehe ich die gespeicherten Daten lösche.

Rechte der betroffenen Person: Gemäß Art. 15–22 DSGVO stehen Ihnen bei Vorliegen der gesetzlichen Voraussetzungen folgende Rechte zu: Recht auf Auskunft, Berichtigung, Löschung, Einschränkung der Verarbeitung, auf Datenübertragbarkeit. Gemäß Art. 13 Nr. 2 Buchst. c) i.V.m. Art. 21 DSGVO steht Ihnen auch ein Widerspruchsrecht gegen die Verarbeitung zu, das auf Art. 6 Nr. 1 Buchst. f) DSGVO beruht.

Beschwerderecht bei der Aufsichtsbehörde: Sie haben gem. Art. 77 DSGVO das Recht, sich bei der Aufsichtsbehörde zu beschweren, wenn Sie der Ansicht sind, dass die Verarbeitung Ihrer personenbezogenen Daten nicht rechtmäßig erfolgt.

Die Anschrift der für meine Kanzlei zuständigen Aufsichtsbehörde lautet:

Aufsichtsbehörde

Straße, Hausnr./Postfach

PLZ Ort

Telefon

Einwilligungserklärung:

Ich habe die vorgenannten Informationen zum Datenschutz gem. Art. 13 DSGVO nebst meinen Betroffenenrechten gelesen.

Ich willige hiermit ein, dass die/der Verantwortliche, Frau Rechtsanwältin .../ Herr Rechtsanwalt ..., meine personenbezogenen Daten zum Zwecke des ... an mich zu besonderen Anlässen verwenden darf. Ferner willige ich ein, dass die Kommunikation mit mir per unverschlüsselter E-Mail erfolgt.

Datum	Unterschrift Mandant

III. Anwaltliche Auskunftspflichten nach DSGVO

Erinnern wir uns: Nach dem 25.05.2018 haben Ihre Mandanten ein Auskunftsrecht nach Art. 15 DSGVO. Sollte ein Mandant mit konkreten Fragen an Sie herantreten, haben Sie diese so, wie von Ihrem Mandanten gewünscht, vollständig binnen Monatsfrist zu beantworten – Art. 12 Nr. 3 DSGVO (siehe hierzu Kap. 1 und 5).

Muster: Datenschutzrechtliche Selbstauskunft nach DSGVO

Rechtsanwältin/Rechtsanwalt
Straße, Hausnr./Postfach
PLZ Ort

An
B. Sorgter-Bürger
Straße, Hausnr./Postfach
PLZ Ort

16.04.2018

Datenschutzrechtliche Selbstauskunft nach § 15 DSGVO

Mandant: ... Straße, ... PLZ, ... Ort
Akte: ... ./. ..., Az.: ...

Sehr geehrte(r) Frau/Herr B. Sorgter-Bürger,

als Verantwortlicher erteile ich Ihnen hiermit gemäß Ihrer Anfrage vom ... Auskunft über die von Ihnen bei uns gespeicherten personenbezogenen Daten.

Ihre Fragen – meine Antworten:

a) Welche Daten über meine Person werden konkret bei Ihnen gespeichert oder verarbeitet?

Name, Familienstand, Adresse, Telefon, E-Mail-Adresse, Geburtstag, Bankverbindung, derzeitiger Beruf, gelernter Beruf, Arbeitgeber, Gehalt, Krankenkasse, Ihre RS-Versicherung.

b) Weiterhin bitte ich um Mitteilung über die Verarbeitungszwecke meiner Daten bei Ihnen.

Ihre Daten werden bei mir gespeichert, damit ich Ihr Mandat ordnungsgemäß bearbeiten kann.

c) Bitte nennen Sie die Kategorien personenbezogener Daten, die bezüglich meiner Person bei Ihnen verarbeitet werden.

Verarbeitungskategorien: Mandatierung, Buchführungsteuer, Software-Betriebssysteme-Programme.

d) Bitte nennen Sie die Empfänger oder Kategorien von Empfängern, die meine Daten bereits erhalten haben oder künftig erhalten werden.

Empfänger: meine Mitarbeiterin, Gegner, gegnerischer Prozessbevollmächtigter, Gericht, Steuerberater, Finanzamt.

e) Sofern Sie Daten nicht bei mir erhoben haben, bitte ich Sie mir alle verfügbaren Informationen über die Herkunft der Daten mitzuteilen.

Alle bei mir gespeicherten Daten haben Sie mir selbst mitgeteilt.

f) Haben Sie meine personenbezogenen Daten in ein Drittland übermittelt?

Eine Übermittlung in ein Drittland erfolgte nicht.

g) Bitte stellen Sie mir kostenfrei eine Kopie meiner bei Ihnen gespeicherten personenbezogenen Daten zur Verfügung.

Anbei erhalten Sie die Kopie der bei mir gespeicherten personenbezogenen Daten.

Ich hoffe, Ihre Anfrage damit ausreichend beantwortet zu haben und verbleibe

mit herzlichen Grüßen

Rechtsanwältin/Rechtsanwalt

Fallbeispiele aus verschiedenen Branchen

Nachfolgend finden Sie eine Übersicht mit Fallbeispielen aus verschiedenen Branchen,

- was jeweils zu tun ist und
- wie ein Verzeichnis der Verarbeitungstätigkeiten aussehen könnte.

Fallbeispiel 1: Rechtsanwalt

Ein Rechtsanwalt betreibt eine Anwaltskanzlei in Bürogemeinschaft. Beide Berufsträger teilen sich eine Rechtsanwaltsfachangestellte. Buchhaltung und Rechnungsstellung werden extern von Dienstleistern erledigt. Ein IT-Berater betreut die IT, eine Website gibt es nicht, nur eine Darstellung des Anwalts auf *anwalt.de*.

Rechtsanwalt

Welche Verarbeitungstätigkeiten fallen an?

- Lohnabrechnung und Finanzbuchhaltung (FiBu) (extern)
- Customer-Relationship-Management (CRM)
- Personalverwaltung
- Verarbeitung von Mandantendaten von Privat- und Firmenmandanten zur Beratung und Rechnungsstellung

Wesentliche DSGVO-Anforderungen für den Rechtsanwalt

- *Muss ein Datenschutzbeauftragter (DSB) benannt werden?* – nein, da weniger als zehn Personen im regelmäßigen Umgang mit personenbezogenen Daten stehen und die Verarbeitung besonders geschützter Daten jedenfalls keine Kerntätigkeit ist.

167

- *Ist ein Verzeichnis der Verarbeitungstätigkeiten erforder-lich?* – ja, die Verantwortlichen verarbeiten regelmäßig personenbezogene Daten.

- *Müssen Beschäftigte/Mitarbeiter auf Einhaltung des Datenschutzes verpflichtet werden?* – ja, die gemeinsame Mitarbeiterin der Bürogemeinschaft geht mit personenbe-zogenen Daten um.

- *Welche Informationspflichten hat der Verantwortliche zu beachten?* – gegenüber den Kunden (bei Vertragsschluss [!], CRM), Mitarbeitern.

- *Was muss der Verantwortliche hinsichtlich der Datenlö-schung beachten?* – Daten sind nach Zweckerreichung zu löschen, es sei denn, der Ablauf gesetzlicher Aufbewah-rungspflichten steht entgegen.

- *Müssen die Daten besonders gesichert werden?* – ja, der Verantwortliche hat die Daten beim Transport zu ver-schlüsseln.

- *Mit wem müssen Verträge zur Auftragsverarbeitung abge-schlossen werden?* – Buchhalter; Softwarehaus für War-tung der IT.

- *Welche Vorfälle muss der Verantwortliche melden* – solche mit „relevanten Risiken", etwa einen Hackerangriff.

- *Muss der Verantwortliche eine Datenschutz-Folgenab-schätzung durchführen?* – nein, da kein hohes Risiko bei der Datenverarbeitung ersichtlich.

- *Besteht eine Ausschilderungspflicht bezüglich Videoüber-wachung?* – nein, die gibt es nicht.

Fallbeispiel 2: Rechtsanwaltskanzlei mit mehreren Berufs-trägern

Rechtsanwalts-kanzlei: mehrere Berufsträger

Vier Rechtsanwälte betreiben gemeinsam eine Anwaltskanzlei mit zwei weiteren angestellten Berufsträgern. Ferner beschäf-tigen sie drei Rechtsanwaltsfachangestellte, eine Rechtsfachwirtin sowie zwei Auszubildende. Die Buchhaltung wird von einem externen Buchhalter des die Kanzlei beratenden Steuerberaters gemacht. Ein Softwarehaus kümmert sich um die IT und die Webseite auf einem externen Server. Die Kanzlei wird in Strafsachen von einem pensionierten Strafrichter beraten. Es gibt eine Korrespondenzkanzlei mit zwei Berufsträgern und einer Rechtsanwaltsfachangestellten in Norddeutschland, die regelmäßige Terminsvertretungen für die Kanzlei übernimmt.

Welche Verarbeitungstätigkeiten fallen an?

- Lohnabrechnung und FiBu (extern)

- Betrieb der Webseite (Host-Provider)

- Veröffentlichung von Fotos der Beschäftigten

- CRM

- Personalverwaltung

- Verarbeitung von Mandantendaten von Privat- und Firmenmandanten zur Beratung und Rechnungsstellung

Wesentliche DSGVO-Anforderungen für den Rechtsanwalt

- *Muss ein DSB benannt werden?* – ja, da mehr als zehn Personen im regelmäßigen Umgang mit personenbezogenen Daten stehen.

- *Ist ein Verzeichnis der Verarbeitungstätigkeiten erforderlich?* – ja, die Verantwortlichen verarbeiten regelmäßig personenbezogene Daten.

- *Müssen Beschäftigte/Mitarbeiter auf Einhaltung des Datenschutzes verpflichtet werden?* – ja, alle (!) Mitarbeiter gehen mit personenbezogenen Daten um.

- *Müssen externe Arbeitspartner/Mitarbeiter auf Einhaltung des Datenschutzes verpflichtet werden?* – ja, der beratende Richter und die Korrespondenzkanzlei in Norddeutschland, da sie mit personenbezogenen Daten umgehen.

169

- *Welche Informationspflichten hat der Verantwortliche zu beachten?* – gegenüber den Kunden (bei Vertragsschluss [!], CRM), Mitarbeitern sowie in der Datenschutzerklärung auf der Webseite.

- *Was muss der Verantwortliche hinsichtlich der Datenlöschung beachten?* – Daten sind nach Zweckerreichung zu löschen, es sei denn, der Ablauf gesetzlicher Aufbewahrungspflichten steht entgegen.

- *Müssen die Daten besonders gesichert werden?* – ja, der Verantwortliche hat die Daten beim Transport zu verschlüsseln.

- *Mit wem müssen Verträge zur Auftragsverarbeitung abgeschlossen werden?* – Buchhalter; Softwarehaus für Wartung der IT **und** Webseite.

- *Welche Vorfälle muss der Verantwortliche melden* – solche mit „relevanten Risiken", etwa einen Hackerangriff.

- *Muss der Verantwortliche eine Datenschutz-Folgenabschätzung durchführen?* – nein, da kein hohes Risiko bei der Datenverarbeitung ersichtlich.

- *Besteht eine Ausschilderungspflicht bezüglich Videoüberwachung?* – nein, die gibt es nicht.

Fallbeispiel 3: Steuerberater

Steuerberater

Ein Steuerberater, der Privat- und Firmenkunden betreut, betreibt mit einem angestellten Steuerberater eine Steuerberaterkanzlei. Beide werden von vier Steuerfachangestellten, einem Bilanzbuchhalter und einer Sekretärin unterstützt. Ein Softwarehaus kümmert sich um die IT und die Webseite auf eigenem Server. Die Kanzlei unterhält einen eigenen Newsletter in Papierform, den sie Kunden in der Kanzlei überreicht oder per Post zusendet.

Welche Verarbeitungstätigkeiten fallen an?

- Lohnabrechnung und FiBu (extern)
- Betrieb der Webseite (Host-Provider)
- Veröffentlichung von Fotos der Beschäftigten
- CRM
- Personalverwaltung
- Verarbeitung von Mandantendaten von Privatkunden zur Beratung und Rechnungsstellung
- Verarbeitung von Mandantendaten von Firmenkunden und deren Kunden/Mitarbeitern zur Beratung und Rechnungsstellung

Wesentliche DSGVO-Anforderungen für den Steuerberater

- *Muss ein DSB benannt werden?* – nein, da weniger als zehn Personen im regelmäßigen Umgang mit personenbezogenen Daten stehen und die Verarbeitung besonders geschützter Daten jedenfalls keine Kerntätigkeit ist.

- *Ist ein Verzeichnis der Verarbeitungstätigkeiten erforderlich?* – ja, der Verantwortliche verarbeitet regelmäßig personenbezogene Daten.

- *Müssen Beschäftigte/Mitarbeiter auf Einhaltung des Datenschutzes verpflichtet werden?* – ja, alle (!) Mitarbeiter gehen mit personenbezogenen Daten um.

- *Welche Informationspflichten hat der Verantwortliche zu beachten?* – gegenüber den Kunden (bei Vertragsschluss [!], CRM), Mitarbeitern sowie in der Datenschutzerklärung auf der Webseite.

- *Was muss der Verantwortliche hinsichtlich der Datenlöschung beachten?* – Daten sind nach Zweckerreichung zu löschen, es sei denn, der Ablauf gesetzlicher Aufbewahrungspflichten steht entgegen.

171

- *Müssen die Daten besonders gesichert werden?* – ja, der Verantwortliche hat die Daten beim Transport zu verschlüsseln.

- *Mit wem müssen Verträge zur Auftragsverarbeitung abgeschlossen werden?* – Softwarehaus für Wartung der IT **und** Webseite.

- *Welche Vorfälle muss der Verantwortliche melden* – solche mit „relevanten Risiken", etwa einen Hackerangriff.

- *Muss der Verantwortliche eine Datenschutz-Folgenabschätzung durchführen?* – nein, da kein hohes Risiko bei der Datenverarbeitung ersichtlich.

- *Besteht eine Ausschilderungspflicht bezüglich Videoüberwachung?* – nein, die gibt es nicht.

Fallbeispiel 4: Arztpraxis

Arzt

Ein Hausarzt beschäftigt zwei angestellte Ärzte, drei Sprechstundenhilfen und drei Fachangestellte. Außerdem arbeiten in der Praxis noch eine Fahrbereitschaft und eine Putzhilfe. Die Arztpraxis betreibt eine CMS-basierte Webseite, auf der Termine online angefragt werden können. Ein externer Dienstleister betreut diese und die IT. Die Patientendaten sind auf eigenen PCs und Servern in der Praxis erfasst. Die Rechnungserstellung für Privatpatienten erfolgt über eine Verrechnungsstelle.

Welche Verarbeitungstätigkeiten fallen an?

- Lohnabrechnung und FiBu

- Betrieb der Webseite nebst Onlinekomponente (Host-Provider)

- Personalverwaltung

- Verarbeitung von Patientendaten zwecks Behandlung

- Verarbeitung von Patientendaten zwecks Abrechnung bei der Kassenärztlichen Vereinigung bzw. Rechnungserstellung durch Verrechnungsstelle

Wesentliche DSGVO-Anforderungen für die Arztpraxis

- *Muss ein DSB benannt werden?* – nein, da weniger als zehn Personen im regelmäßigen Umgang mit personenbezogenen Daten stehen; zwar werden in der Arztpraxis Gesundheitsdaten, also besonders geschützte Daten verarbeitet, aber dort findet in aller Regel keine umfangreiche Verarbeitung besonderer Kategorien personenbezogener Daten statt, die zu einer Benennungspflicht führt. Es arbeiten zwar insgesamt zehn Mitarbeiter in der Kanzlei, davon kommen aber zwei nicht ständig automatisiert, sondern allenfalls theoretisch mit Patientendaten in Berührung.

- *Ist ein Verzeichnis der Verarbeitungstätigkeiten erforderlich?* – ja, der Verantwortliche verarbeitet regelmäßig personenbezogene Daten.

- *Müssen Beschäftigte/Mitarbeiter auf Einhaltung des Datenschutzes verpflichtet werden?* – ja, alle (!) Mitarbeiter gehen mit personenbezogenen Daten um.

- *Welche Informationspflichten hat der Verantwortliche zu beachten?* – gegenüber den Kunden (durch Aushang in der Praxis), Mitarbeitern sowie in der Datenschutzerklärung auf der Webseite.

- *Was muss der Verantwortliche hinsichtlich der Datenlöschung beachten?* – Daten sind nach Zweckerreichung zu löschen, es sei denn, der Ablauf gesetzlicher Aufbewahrungspflichten steht entgegen.

- *Müssen die Daten besonders gesichert werden?* – ja, da besonders geschützte Daten verarbeitet werden, die besondere Schutzmaßnahmen gegen unbefugte Nutzung erfordern.

- *Mit wem müssen Verträge zur Auftragsverarbeitung abgeschlossen werden?* – externer Dienstleister für Wartung der IT **und** Webseite.

- *Welche Vorfälle muss der Verantwortliche melden* – solche mit „relevanten Risiken", etwa einen Hackerangriff.

- *Muss der Verantwortliche eine Datenschutz-Folgenabschätzung durchführen?* – nein, da kein hohes Risiko bei der Datenverarbeitung ersichtlich.

- *Besteht eine Ausschilderungspflicht bezüglich Videoüberwachung?* – nein, die gibt es nicht.

Fallbeispiel 5: Verein

Verein

Der Sportverein hat 25 Mitglieder, eine Vorsitzende, einen Stellvertreter und einen Schatzmeister. Zwei Trainer nehmen die sog. Übungsleiterpauschale nach § 3 Nr. 26 EStG in Anspruch. Die Mitgliederverwaltung erfolgt durch den Stellvertreter, der Einzug der Mitgliedsbeiträge durch den Kassierer. Der Verein betreibt zudem eine Webseite, die auf einem Server eines Mitglieds liegt, und eine Facebook-Fanseite mit Mitgliederfotos.

Welche Verarbeitungstätigkeiten fallen an?

- Lohnabrechnung (über ein Steuerbüro)

- Mitgliederverwaltung

- Betrieb der Webseite (inkl. Kommunikation mit dem Hoster)

- Veröffentlichung von Mitgliederfotos auf der Webseite

- Beitragsverwaltung

Wesentliche DSGVO-Anforderungen für den Verein

- *Muss ein DSB benannt werden?* – nein, da weniger als zehn Personen im regelmäßigen Umgang mit personenbezogenen Daten stehen und die Verarbeitung besonders geschützter Daten jedenfalls keine Kerntätigkeit ist.

- *Ist ein Verzeichnis der Verarbeitungstätigkeiten erforderlich?* – ja, der Verein verarbeitet regelmäßig personenbezogene Daten.

- *Müssen Beschäftigte/Mitarbeiter auf Einhaltung des Datenschutzes verpflichtet werden?* – ja, alle (!) Mitarbeiter gehen mit personenbezogenen Daten um.

- *Welche Informationspflichten hat der Verein zu beachten?* – Verpflichtung auf die Einhaltung des Datenschutzstandards in der Vereinssatzung sowie in der Datenschutzerklärung auf der Webseite.

- *Was muss der Verein hinsichtlich der Datenlöschung beachten?* – Daten sind nach Zweckerreichung zu löschen, es sei denn, der Ablauf gesetzlicher Aufbewahrungspflichten steht entgegen.

- *Müssen die Daten besonders gesichert werden?* – nein, es genügt der Standard (Datensicherung, Verschlüsselung, Virenschutz, Firewall etc.).

- *Mit wem müssen Verträge zur Auftragsverarbeitung abgeschlossen werden?* – mit dem Hosting-Provider und mit dem Steuerbüro.

- *Welche Vorfälle muss der Verein melden* – solche mit „relevanten Risiken", etwa die versehentliche Veröffentlichung der Mitglieder- oder Sponsorenliste im Internet gegen den Willen der Betroffenen.

- *Muss der Verein eine Datenschutz-Folgenabschätzung durchführen?* – nein, da kein hohes Risiko bei der Datenverarbeitung ersichtlich.

- *Besteht eine Ausschilderungspflicht bezüglich Videoüberwachung?* – nein, die gibt es nicht.

Einzelhändler

Fallbeispiel 6: Einzelhändler

Die Herrenboutique in der Kreisstadt beschäftigt 18 Verkäufer und vier Mitarbeiterinnen in der Verwaltung. Zahlung per EC- oder Kreditkarte ist möglich. Stammkunden können eine Kundenkarte mit Rabattfunktion nutzen, wobei sie auch in ausgewählte Werbeaktionen einwilligen. Lohnabrechnung und Finanzbuchhaltung sind einem Steuerbüro überantwortet. Der Einzelhändler unterhält eine Webseite mit Fotografien von sich und einigen Mitarbeitern und allen notwendigen Informationen.

Welche Verarbeitungstätigkeiten fallen an?

- Lohnabrechnung und FiBu (über ein Steuerbüro)
- Betrieb der Webseite (über Hoster)
- Veröffentlichung von Fotos der Beschäftigten
- Kundenkartenverwaltung
- Abwicklung von EC-Karten- und Kreditkartenzahlungen (über einen externen Zahlungsdienstleister)
- Werbemaßnahmen zur Kundengewinnung und -bindung durch E-Mail und Post

Wesentliche DSGVO-Anforderungen für den Einzelhändler

- *Muss ein DSB benannt werden?* – nein, da weniger als zehn Personen im regelmäßigen Umgang mit personenbezogenen Daten stehen und die Verarbeitung besonders geschützter Daten jedenfalls keine Kerntätigkeit ist.
- *Ist ein Verzeichnis der Verarbeitungstätigkeiten erforderlich?* – ja, der Verantwortliche verarbeitet regelmäßig personenbezogene Daten.
- *Müssen Beschäftigte/Mitarbeiter auf Einhaltung des Datenschutzes verpflichtet werden?* – ja, alle Mitarbeiter, die mit personenbezogenen Daten umgehen.

- *Welche Informationspflichten hat der Verantwortliche zu beachten?* – Verpflichtung auf die Einhaltung des Datenschutzstandards in den Verträgen zur Kundenkarte sowie in der Datenschutzerklärung auf der Webseite.

- *Was muss der Verantwortliche hinsichtlich der Datenlöschung beachten?* – Daten sind nach Zweckerreichung zu löschen, insbesondere bei den Kundenkarten nach Ablauf/ Kündigung, es sei denn, der Ablauf gesetzlicher Aufbewahrungspflichten steht entgegen.

- *Müssen die Daten besonders gesichert werden?* – nein, es genügt der Standard (Datensicherung, Verschlüsselung, Virenschutz, Firewall etc.).

- *Mit wem müssen Verträge zur Auftragsverarbeitung abgeschlossen werden?* – mit dem Hosting-Provider, dem Zahlungsdienstleister und mit dem Steuerbüro.

- *Welche Vorfälle muss der Verantwortliche melden* – solche mit „relevanten Risiken", etwa die versehentliche Veröffentlichung von Kundendaten im Internet oder einen Hackerangriff.

- *Muss der Verantwortliche eine Datenschutz-Folgenabschätzung durchführen?* – nein, da kein hohes Risiko bei der Datenverarbeitung ersichtlich.

- *Besteht eine Ausschilderungspflicht bezüglich Videoüberwachung?* – nein, die gibt es nicht.

Fallbeispiel 7: Produktionsbetrieb

Ein Produktionsbetrieb für Landmöbel in Form einer GmbH unterhält eine Verkaufsstätte und einen Onlineshop. Zahlung per EC- und Kreditkarte ist jeweils möglich, auf der Webseite kann per Zahlungsdienstleister („PayPal") bezahlt werden. Der Betrieb hat 23 Beschäftigte in der Produktion, vier Beschäftigte im Versandbereich sowie sechs Beschäftigte in der Verwaltung, die die Finanzbuchhaltung, die IT, die Personalverwaltung und das CRM betreuen. Es gibt eine

Produktions-betrieb

177

Videoüberwachung auf dem firmeninternen Parkplatz sowie im Versandbereich.

Welche Verarbeitungstätigkeiten fallen an?

- Lohnabrechnung und FiBu
- Betrieb der Webseite und des Onlineshops (über Hoster)
- Veröffentlichung von Fotos der Beschäftigten
- CRM nebst Werbeaussendung per E-Mail und Post
- Abwicklung von EC-Karten-, Kreditkarten- und PayPal-Zahlungen (über einen externen Zahlungsdienstleister)
- Videoüberwachung zwecks Einbruch- und Diebstahlschutz

Wesentliche DSGVO-Anforderungen für den Produktionsbetrieb

- *Muss ein DSB benannt werden?* – nein, da weniger als zehn Personen im regelmäßigen Umgang mit personenbezogenen Daten stehen und die Verarbeitung besonders geschützter Daten jedenfalls keine Kerntätigkeit ist; die Versandabteilung zählt nicht hinzu: Wer im Versand Waren verpackt und manuell Adressen aufklebt, ist nicht laufend mit automatisierter DV beschäftigt.

- *Ist ein Verzeichnis der Verarbeitungstätigkeiten erforderlich?* – ja, der Verantwortliche verarbeitet regelmäßig personenbezogene Daten.

- *Müssen Beschäftigte/Mitarbeiter auf Einhaltung des Datenschutzes verpflichtet werden?* – ja, alle Mitarbeiter, die mit personenbezogenen Daten umgehen, also nicht die Produktionsmitarbeiter.

- *Welche Informationspflichten hat der Verantwortliche zu beachten?* – gegenüber den Kunden (CRM), Mitarbeitern sowie in der Datenschutzerklärung auf der Webseite.

- *Was muss der Verantwortliche hinsichtlich der Datenlöschung beachten?* – Daten sind nach Zweckerreichung zu löschen, es sei denn, der Ablauf gesetzlicher Aufbewahrungspflichten steht entgegen.

- *Müssen die Daten besonders gesichert werden?* – nein, es genügt der Standard (Serversicherung, Datensicherung, Verschlüsselung, Virenschutz, Firewall etc.).

- *Mit wem müssen Verträge zur Auftragsverarbeitung abgeschlossen werden?* – mit dem Hosting-Provider und den Zahlungsdienstleistern, natürlich auch PayPal.

- *Welche Vorfälle muss der Verantwortliche melden* – solche mit „relevanten Risiken", etwa die versehentliche Veröffentlichung von Kundendaten im Internet oder einen Hackerangriff.

- *Muss der Verantwortliche eine Datenschutz-Folgenabschätzung durchführen?* – nein, da kein hohes Risiko bei der Datenverarbeitung ersichtlich.

- *Besteht eine Ausschilderungspflicht bezüglich Videoüberwachung?* – ja, sowohl auf dem Parkplatz als auch im Versandbereich.

Fallbeispiel 8: Handwerker

Ein Elektroinstallateur hat 32 Beschäftigte, das Unternehmen ist inhabergeführt. Es gibt drei Meister, sieben Gesellen, zwei Azubis, zwei Mitarbeiterinnen für Personal- und Kundenverwaltung und 18 sonstige Mitarbeiter für die jeweiligen Bauvorhaben. Buchhaltung und Steuern besorgt ein Steuerbüro. Der Chef kümmert sich persönlich auf eigenem Server um die Webseite. Alle Meister und vier Gesellen haben Diensttablets, auf denen sie auf die Informationen zu den einzelnen Bauvorhaben einschließlich der Daten des jeweiligen Bauherrn zugreifen können.

Handwerker

Welche Verarbeitungstätigkeiten fallen an?

- Lohnabrechnung und FiBu (extern)
- Betrieb der Webseite
- Veröffentlichung von Fotos der Beschäftigten
- CRM
- Personalverwaltung

Wesentliche DSGVO-Anforderungen für den Handwerksbetrieb

- *Muss ein DSB benannt werden?* – ja, da zehn Personen regelmäßigen Umgang mit personenbezogenen Daten pflegen.

- *Ist ein Verzeichnis der Verarbeitungstätigkeiten erforderlich?* – ja, der Verantwortliche verarbeitet regelmäßig personenbezogene Daten.

- *Müssen Beschäftigte/Mitarbeiter auf Einhaltung des Datenschutzes verpflichtet werden?* – ja, alle Mitarbeiter, die mit personenbezogenen Daten umgehen, also nicht die Produktionsmitarbeiter.

- *Welche Informationspflichten hat der Verantwortliche zu beachten?* – gegenüber den Kunden (CRM und Auftragsannahme), Mitarbeitern sowie in der Datenschutzerklärung auf der Webseite.

- *Was muss der Verantwortliche hinsichtlich der Datenlöschung beachten?* – Daten sind nach Zweckerreichung zu löschen, es sei denn, der Ablauf gesetzlicher Aufbewahrungspflichten steht entgegen.

- *Müssen die Daten besonders gesichert werden?* – nein, es genügt der Standard (Serversicherung, Datensicherung, Verschlüsselung, Virenschutz, Firewall etc.).

- *Mit wem müssen Verträge zur Auftragsverarbeitung abgeschlossen werden?* – mit dem Steuerbüro.

- *Welche Vorfälle muss der Verantwortliche melden* – solche mit „relevanten Risiken", etwa die versehentliche Veröffentlichung von Kundendaten im Internet oder einen Hackerangriff.

- *Muss der Verantwortliche eine Datenschutz-Folgenabschätzung durchführen?* – nein, da kein hohes Risiko bei der Datenverarbeitung ersichtlich.

- *Besteht eine Ausschilderungspflicht bezüglich Videoüberwachung?* – nein, die gibt es nicht.

Fallbeispiel 9: Gasthof

Ein inhabergeführtes Hotel mit Restaurant verfügt über zwölf Zimmer und hat vier Beschäftigte im Restaurant, einen Mitarbeiter an der Rezeption sowie zwei Reinigungskräfte. FiBu und Steuern erledigt ein Steuerbüro. Das Gasthaus bzw. Hotel betreibt selbst eine Webseite zur Zimmerbuchung, um das sich der Inhaber kümmert. Das Hotel bietet Zimmer durch Webvermittler wie „booking.com" an, die dann selbständig mit den Gästen abrechnen. Vor Ort gesondert zu zahlende Tätigkeiten rechnet in diesem Fall dann das Hotel beim Auschecken ab.

Hotel mit
Restaurant

Welche Verarbeitungstätigkeiten fallen an?

- Lohnabrechnung, Personalverwaltung und FiBu (Steuerbüro)

- Betrieb der Webseite

- Gästeverwaltung per PC

- Gästeverwaltung und Abrechnung mit den Webvermittlern

Wesentliche DSGVO-Anforderungen für den Gasthof

- *Muss ein DSB benannt werden?* – nein, da weniger als zehn Personen im regelmäßigen Umgang mit personenbezogenen Daten stehen; selbst wenn insgesamt zehn Mitarbeiter im Hotel und Restaurant arbeiten würden, wären zumindest die Restaurantmitarbeiter und die Zimmermädchen nicht ständig, sondern allenfalls theoretisch mit Gastdaten in Berührung.

- *Ist ein Verzeichnis der Verarbeitungstätigkeiten erforderlich?* – ja, der Verantwortliche verarbeitet regelmäßig personenbezogene Daten.

- *Müssen Beschäftigte/Mitarbeiter auf Einhaltung des Datenschutzes verpflichtet werden?* – ja, der Mitarbeiter an der Rezeption geht mit personenbezogenen Daten um.

- *Welche Informationspflichten hat der Verantwortliche zu beachten?* – gegenüber den Gästen, Mitarbeitern sowie in der Datenschutzerklärung auf der Webseite.

- *Was muss der Verantwortliche hinsichtlich der Datenlöschung beachten?* – Daten sind nach Zweckerreichung zu löschen, es sei denn, der Ablauf gesetzlicher Aufbewahrungspflichten steht entgegen.

- *Müssen die Daten besonders gesichert werden?* – nein, es genügt der Standard (Serversicherung, Datensicherung, Verschlüsselung, Virenschutz, Firewall etc.).

- *Mit wem müssen Verträge zur Auftragsverarbeitung abgeschlossen werden?* – mit dem Steuerberater ist dies erforderlich, aber auch mit den Webvermittlern wie „booking.com".

- *Welche Vorfälle muss der Verantwortliche melden* – solche mit „relevanten Risiken", etwa einen Hackerangriff.

- *Muss der Verantwortliche eine Datenschutz-Folgenabschätzung durchführen?* – nein, da kein hohes Risiko bei der Datenverarbeitung ersichtlich.

- *Besteht eine Ausschilderungspflicht bezüglich Videoüberwachung?* – nein, die gibt es nicht.

Fallbeispiel 10: Bäckerei

Der inhaberingeführte Bäckereibetrieb beschäftigt insgesamt neun Personen, nämlich fünf angestellte Bäcker und vier Verkäuferinnen. Ein Steuerberater besorgt die komplette Buchhaltung, Steuerangelegenheiten und Personalverwaltung.

Bäcker

Welche Verarbeitungstätigkeiten fallen an?

- Lohnabrechnung, Personalverwaltung und FiBu (Steuerberater)

- eigener Umgang mit personenbezogenen Daten bei Einstellung, Urlaubsplanung etc.

Wesentliche DSGVO-Anforderungen für den Bäckereibetrieb

- *Muss ein DSB benannt werden?* – nein, da weniger als zehn Personen im regelmäßigen Umgang mit personenbezogenen Daten stehen.

- *Ist ein Verzeichnis der Verarbeitungstätigkeiten erforderlich?* – ja, der Verantwortliche verarbeitet regelmäßig personenbezogene Daten; zwar ist diskutabel, dass der Verantwortliche infolge der kompletten Auslagerung aller datenschutzrelevanten Komplexe allenfalls am Rand mit personenbezogenen Daten seiner Mitarbeiter in Berührung kommt, doch empfehlen wir dennoch, ein Verzeichnis zu erstellen.

- *Müssen Beschäftigte/Mitarbeiter auf Einhaltung des Datenschutzes verpflichtet werden?* – ja, zumindest die Verkäuferinnen haben gelegentlichen Kontakt zu personenbezogenen Daten.

- *Welche Informationspflichten hat der Verantwortliche zu beachten?* – gegenüber den Mitarbeitern bei der Einstellung.

- *Was muss der Verantwortliche hinsichtlich der Datenlöschung beachten?* – Daten sind nach Zweckerreichung zu löschen, es sei denn, der Ablauf gesetzlicher Aufbewahrungspflichten steht entgegen.

- *Müssen die Daten besonders gesichert werden?* – nein, es genügt der Standard (Serversicherung, Datensicherung, Verschlüsselung, Virenschutz, Firewall etc.).

- *Mit wem müssen Verträge zur Auftragsverarbeitung abgeschlossen werden?* – keine; gegenüber Steuerberater nicht erforderlich.

- *Welche Vorfälle muss der Verantwortliche melden* – solche mit „relevanten Risiken", etwa einen Hackerangriff.

- *Muss der Verantwortliche eine Datenschutz-Folgenabschätzung durchführen?* – nein, da kein hohes Risiko bei der Datenverarbeitung ersichtlich.

- *Besteht eine Ausschilderungspflicht bezüglich Videoüberwachung?* – nein, die gibt es nicht.

Stichwortverzeichnis